Quart*buch*

Tiziano Scarpa stellt Grundfragen: Woran läßt sich die Liebe erkennen? Wann kann man von sich behaupten, verliebt zu sein?

Ein sentimentaler Zeitgenosse denkt an Gott und die Welt, während seine Freundin es ihm besorgt.

Ein Vorfahre von Woody Allen immigriert in den eigenen Penis.

Die Kraft der Leidenschaft läßt ein Mädchen neuromagnetische Wellen absondern, bis ihr Freund sie als Klon verfolgt.

Ein Vater wird aus falsch verstandener Sohnesliebe zum Bodybuildinghelden für Senioren.

Mit böser Ironie und bewegener Komik zeigen Scarpas Geschichen, welch überraschende Wendungen das Leben zu jeder Zeit nehmen kann. Wenn man nur verliebt genug ist. Oder verrückt genug. Oder beides.

Scarpa gilt mit seinen schrillen und komischen Geschichten vor literarisch ausgefeiltem Hintergrund als das neue Enfant terrible der italienischen Literatur.

»Tiziano Scarpa ist einer der vielversprechendsten jungen italienischen Autoren.« Il Manifesto

Tiziano Scarpa
Amore®

Aus dem Italienischen
von Olaf Matthias Roth

Verlag Klaus Wagenbach

Inhalt

Wes das Herz voll ist

I.

Mit dem Herzen, das überfließt vor Liebe zu Gott, zu Jesus Christus, seinem Sohn, unserem Erlöser, und zur Seligen Marianna von Mira, schicken wir uns an, diesen kurzen Bericht über unsere Abenteuer abzufassen.

Wir haben beschlossen, diese Schrift erst nach unserem Tode bekannt werden zu lassen, zur Erbauung der gesamten Christenheit; deshalb muß derjenige, der zu unseren Lebzeiten begonnen hat, vorliegende Zeilen zu lesen, *illico et immediate* die Lektüre abbrechen, andernfalls erfolgt Exkommunikation (die letzten drei Wörter dürfen nicht veröffentlicht werden).

Lange Zeit haben wir darüber nachgesonnen, ob wir unsere Gedanken einer Enzyklika oder einem apostolischen Brief anvertrauen sollen; wir sind jedoch zu dem Schluß gekommen, daß diese Formen des Austausches zwischen uns und dem Volke Gottes zu abweisend und endgültig geklungen hätten; vor allem, wenn sie in Beziehung zu unseren Empfindungen gesetzt worden wären. So haben wir uns voller Demut ein Beispiel an der heiligen Schrift genommen und befleißigen uns im Geiste der Barmherzigkeit einer schmucklosen und schlichten Erzählweise.

Männer, die uns übelwollen und, schlimmer noch, den christlichen Glauben verleumden, haben uns beschuldigt, dem Antichrist mit unserem Pastoralstil freie Hand gelassen zu haben; wir werden uns nicht dazu herablassen, voller Stolz das Gegenteil zu beweisen; mögen statt dessen unsere einfachen Worte zum Herzen derjenigen Menschen sprechen, die guten Willens sind; schließlich sind wir doch Personen mit bescheidenen Ansprüchen, die Frieden und Eintracht verbreiten wollen.

Der Swimmingpool zum Beispiel – sollen wir darüber sprechen? Als man uns vom Pfarrhaus von Mira zum Heiligen Stuhl brachte, glaubten wir, unseren Augen nicht trauen zu dürfen. Ein Swimmingpool nur für uns! Das sollte wohl ein Witz sein! An jenem Tag nahm uns der Staatssekretär beiseite und erklärte uns, der Pole (so drückte er sich aus) hätte dies so gewünscht, für die allmorgendlichen Schwimmübungen; allerdings stand die Einrichtung nunmehr dem gesamten Personal zur Verfügung: Schwestern, Bibliothekaren, der Schweizergarde. Zur Antwort zuckten wir nur mit den Achseln. Uns soll's recht sein …

Jedenfalls haben wir es nicht einmal geschafft, die heilige Stätte richtig zu besichtigen. Es war schon gegen Ende Juli; wir wurden in ein Flugzeug gesteckt und zum Urlaub in die Dolomiten gebracht.

Alles, was dann kam, der Leibkoch, die Bodyguards – war das wirklich notwendig? Uns hätte es schon gereicht, wenn wir zu Hause geblieben wären und einen schönen Klassiker gelesen hätten. Vorausgesetzt, er stammte aus der Feder eines Geistes von erwiesenem und unerschütterlichem Glauben, das ist klar. Boccaccio, Rabelais, Swift. Man ahnt ja nicht, was für witzige Sachen die Mönche und Priester in den vergangenen Jahrhunderten geschrieben haben! Was für Herrlichkeiten! Schrankenlose Phantasie, das reinste Vergnügen! Heutzutage jedoch sind Priester und Mönche recht trübselig geworden.

Vielleicht hätten wir ja auch den einen oder anderen Firlefanz mitgemacht. Eine Vase mit Margeriten auf der Fensterbank, die man jeden Abend gießen würde – das war so unsere Vorstellung von Ferien. Aber dann wären die hohen Herren beleidigt gewesen; in den Zeitungen hätte es geheißen, daß wir nicht wohlauf seien. Schon gut, schon gut, wir machen ja alles mit, um Himmels willen.

Es ging uns jedenfalls nicht schlecht. Zu tun gab es wenig. Eine Messe am Morgen; ein Spaziergang am Nachmittag. Ein gutes Wort für den Dorfchor, der gekommen war, um uns zu begrüßen. Die Tage waren frisch, es war schön, kleine Wanderungen zu machen.

Ab und zu begegneten wir mitten in einem Wald einer Gruppe von Ausflüglern. Sobald sie uns erkannten, fielen sie auf die Knie. Was habt ihr denn, geht es euch nicht gut? Seid ihr müde? Ein plötzlicher Kollaps? Los, los, steht nur wieder auf! Dann wurde die Gesellschaft etwas lockerer; alle lachten, ein wenig schüchtern, am Anfang.

Sie gingen dann im Gänsemarsch weiter, eine Art Prozession improvisierend; immer diese fixe Idee, uns die Hand zu küssen. Für wen haltet ihr uns? Für einen Mafiaboss? Nur zu, macht keine Geschichten und laßt diesen armen alten Mann in Ruhe. Genießt die Natur, solange sie noch da ist. Geht nur, geht nur. Und seid nicht so gemein zu eurem Nächsten.

Jeden Nachmittag hakte sich der Kardinal Mortara bei uns unter und fing mit seinen geistlichen Exerzitien an. Wir versuchten alles, um das Thema zu wechseln; im Gebirge war stets ein Vorwand zur Hand: der Enzian, ein Eichhörnchen, ein Falke. Ständig unterbrachen wir ihn. Wir vermöchten nicht zu sagen, was es war: jedesmal ergriff uns eine Unduldsamkeit … Vielleicht, weil wir ihn uns im Dunkeln im Swimmingpool vorstellten.

Der Staatssekretär hatte uns anvertraut, daß Mortara jede Nacht gegen vier Uhr zehn Bahnen in dem ins Dunkel getauchten Swimmingpool zog, in purpurfarbener Badehose und Badehaube. Dann kletterte er wieder heraus und rezitierte die Matutin im blütenweißen Morgenmantel, auf einem Liegestuhl, mit einem wie ein Turban um den Kopf geschlungenen Handtuch und Badeschlappen.

Der Sekretär war überzeugt, daß Mortara ein Ehrgeizling war, ein Fanatiker. Noch mehr als der Pole? wollten wir wissen. Das war nicht möglich!

An diesem Nachmittag auf dem Spaziergang haben wir den Kardinal zum Verstummen gebracht; wir sagten zu ihm, wir wollten es uns einmal von den Jungs besorgen lassen, das mit den geistlichen Exerzitien.

»Von den Jungs?«

Wir riefen Gramaglia, den Chef der Bodyguards, gaben ihm ein Zeichen, näherzukommen und baten ihn, uns ein spirituelles Exerzitium seiner Wahl mitzuteilen; eines von denen, die sich die braven Leibwachen spontan erzählten, um die Zeit totzuschlagen.

Gramaglia wagte nicht anzufangen; er schaute den Kardinal an, als warte er auf die offizielle Erlaubnis.

»Erzähle uns einfach den letzten Witz, den du gehört hast«, sagten wir zu ihm.

»Aber, Euer Heiligkeit!« rief Mortara aus. Es war offensichtlich, daß er das Amt des Papstes anstrebte. Immer spielte er den Bescheidenen, war überaus devot; man sah es aus einer Meile Entfernung, daß er sich in seinem Herzen darum bemühte, Papst zu werden.

»Wirklich den letzten?«

»Den allerletzten.«

»Das wäre ein wenig anstößig, ich weiß nicht, ob ...«

»Lassen Sie nur, Gramaglia, es war nur ein unschuldiger Scherz, Ihre Heiligkeit sind gerade in der Stimmung, um …«

»Nein, nein, erzähl ihn nur. Früher einmal haben die Priester sie am Altar erzählt, die schmutzigen Witze, zu Ostern, das muß man sich einmal vorstellen. Um den auferstandenen Christus zu feiern. Da wackelten die Kathedralen, so groß war das Gelächter«, sagten wir.

»Aber das war im Mittelalter, bei diesen Barbaren! Für heute habe ich eine Meditation über die Vergänglichkeit des Fleisches vorbereitet!« sagte Mortara gereizt.

»Fang nur an, Gramaglia«, befahlen wir, voll Entschiedenheit.

»An Bord eines Flugzeuges wären … na ja, *sind* ein amerikanischer, ein deutscher und ein italienischer Fallschirmspringer. Der Amerikaner springt hinaus und zieht an der Reißleine. Anstelle des Fallschirms öffnet sich … na ja, also … der Büstenhalter seiner Frau.« Gramaglia blickte zu Boden; er sagte nichts mehr.

»Und? Ist der Witz zu Ende?« wollten wir wissen.

»Na ja, also … man müßte auch die Einzelheiten berichten. Die Größe des … des Büstenhalters. Sonst versteht man den Witz nicht«, sagte Gramaglia beinahe flüsternd.

»Was ist denn daran so Schlimmes?« entgegneten wir gutmütig. »Jedes Lebewesen nimmt den Platz ein, den ihm unser Herr zugeteilt hat.«

»Der Büstenhalter seiner Ehefrau öffnet sich an Stelle des Fallschirms«, fuhr Gramaglia fort. »Körbchen … Körbchengröße B. Der Amerikaner stürzt ab. Dann springt der Deutsche aus dem Flugzeug, zieht an der Reißleine, und auch bei ihm öffnet sich der Büstenhalter seiner Frau.«

»Körbchengröße D«, warfen wir ein.

»Kennt Ihr den Witz schon?«

»Wir dachten es uns eben. Erzähl weiter.«

»Der Deutsche stürzt ab.«

Kardinal Mortara bekreuzigte sich zum zweiten Mal. Segnete er wohl auch die Toten aus den Witzen?

Jetzt war der Italiener mit dem Absprung an der Reihe; er zog an der Reißleine, und anstelle des Fallschirms entfuhr uns ein entsetzlicher Schrei. Wir hörten das Gebiß zwischen dem Zahnfleisch knirschen. Nie hätten wir gedacht, daß sich in unserem Körper eine derart laute Stimme verbergen könnte. Wir brüllten weiter, von unserem eigenen Schrei entsetzt.

»Was ist los, was habt Ihr, Eure Heiligkeit!« fragte der Kardinal schreiend.

Gramaglia fuhr mit der Hand in die Windjacke und zog augenblicklich die Pistole hervor. Mit einem Ruck drehten sich sämtliche Bodyguards zu uns um.

Es gelang uns nicht mehr rechtzeitig, auf den Berg zu deuten.

Schlagartig ging der Erdrutsch nieder.

Die Bodyguards schossen auf die schlammige, steinige Masse, die uns unter sich begrub. Die Kugeln wurden vom Erdreich verschluckt, Funken stoben von den Gesteinsmassen auf.

Es dauerte nur einen Augenblick; wir wurden von einem kolossalen Hieb mitgerissen. Wir schlugen unterirdisch Purzelbäume, taumelten rücklings durch den Schlamm.

Als wir wieder zu Bewußtsein kamen, stellten wir fest, daß wir noch lebten.

Wir waren noch am Leben!

Wir waren vollständig verschüttet. Gut möglich, daß wir zehn Meter unter der Erde begraben waren. Bewegen konnten wir uns nicht mehr; die Erde lastete schwer auf uns.

Wir hatten den Mund voll Schlamm, brackiger Schleim klebte uns am Zahnfleisch. Wir versuchten, ihn auszuspucken, ihn mit der Zunge hinauszubefördern.

Wir waren vollkommen durchnäßt. Es war kalt.

Der Kardinal und die Bodyguards waren verschwunden, wir wußten nichts, hier unten hörte man gar nichts mehr. Es gelang uns nicht einmal, die Augen zu öffnen.

Gramaglia, Mortara – wo seid ihr?

Allein. Nun waren wir allein.

Die Vergänglichkeit des Fleisches; der Büstenhalter als Fallschirm. Wir würden sterben, ohne erfahren zu haben, wie unsere geistlichen Exerzitien ausgingen.

Wir atmeten durch ein Nasenloch. Das andere war verstopft, wir versuchten zu niesen, bei geschlossenem Mund zu husten. Es gelang nicht, das Nasenloch freizubekommen. Doch wenigstens durch eines der beiden ließ es sich ein- und ausatmen. Kein Zweifel: wir atmeten tatsächlich.

Dann waren wir also wirklich noch am Leben!

Wir hatten den Eindruck, daß diese Luft leuchtete. Die Luft, die wir einatmeten, mußte lichtdurchtränkt sein, das spürten wir.

Wir atmeten Licht ein!

Das Licht drang in die Lungen, löste sich im Blut auf, strahlte in unserem Fleisch. Wir phosphoreszierten unterirdisch, blitzten bei jedem Atemzug im Schlamm auf, leuchteten auf, um wieder zu verlöschen, immer abwechselnd.

Nein, wir täuschten uns: wahrscheinlich lagen wir wirklich zehn Meter unter der Erde, in einer Luftblase. Wir atmeten schwarze Luft ein, die uns das Blut allmählich dunkel färbte, bis wir schließlich schwarz wurden. Nach und nach würden wir sie ganz aufgeatmet haben, und dann noch einmal, und ein weiteres Mal, siebenmal hintereinander würden wir sie einatmen. Jedesmal wäre sie bitterer, und am Ende hätte sich die Luftblase in giftiges Gas verwandelt. Wir würden ohnmächtig werden; es war schon so weit, nur hatten wir es bislang noch nicht bemerkt.

Nicht einmal die Gnade, beim Aufsagen eines Gebetes in heiterer Stimmung zu sterben, wäre uns vergönnt.

Ganz, ganz vorsichtig blähten wir das eine Nasenloch ein wenig auf, dann zogen wir es wieder zusammen, um es erneut zu erweitern; wir ließen es pulsieren. Versuchten, einen Windhauch zu erhaschen; es gelang uns jedoch lediglich, das Nasenloch einen Millimeter breit zu erweitern und zusammenzuziehen und so zu prüfen, ob sich die Luft um uns herum bewegte; ob die Luft von außerhalb kam oder eingeschlossen war. Hätten wir auch nur den Hauch eines Hauches im Nasenloch gespürt, wir wären sicher gewesen, nahe an der Oberfläche zu sein.

Eine schleimige Kruste verklebte uns die Augen. Wir konnten nichts sehen.

Wir hatten Angst. Große Angst.

Marianna, wir können doch nicht so weit entfernt von dir sterben!

Wir mußten weinen. Es kamen uns die Tränen. Ein wenig Wasser trat uns aus den Augen, ein mit Marianna vollgesogenes Tröpfchen.

Wir wußten, daß Marianna dort bei uns war; wir konnten sie sehen. Spürten sie in uns. Marianna hielt den Blick auf uns gerichtet, schaute uns hinter den Lidern an. Mariannas Antlitz spiegelte sich in unseren Tränen, tränkte sie mit ihrem Bild.

Die Gesteinsschicht gab nach.

Marianna hätte Berge mit einem ihrer Blicke versetzen können, sicherlich hätte sie sich von einem Schleier aus Erde auf unseren Augen nicht aufhalten lassen!

Wir riefen die Stirnfalten zur Sammlung auf, sprachen

uns Mut zu, zogen die Augenbrauen hoch. Die Wimpern rissen auseinander, die Lider trennten sich.

Wir öffneten die Augen.

Das stählerne Blau blendete uns schrecklich.

Ein Helikopter kam vom Himmel herab.

Sie kamen schon zu unserer Rettung!

Der Helikopter näherte sich dem Felsmassiv, der Rotor berührte die Wand und wirbelte dabei ein Staubwölkchen auf, die Rotorblätter neigten sich und schabten an den Berg. Da geriet der Helikopter ins Trudeln, er stürzte ab und explodierte am Boden.

Aus der zertrümmerten Pilotenkanzel kletterte ein Körper aus Feuer und Rauch. Er fuchtelte mit den Armen in den Flammen, schwenkte die Hände wie zwei Fackeln. Er rannte beinahe, machte drei, vier Schritte, dann fiel er auf die Erde.

Der Geruch des rohen Menschenfleisches, das da verbrannte, drang uns in die Nase hinein.

Wir fuhren mit der Zunge über den Gaumen, schlugen so das Kreuzeszeichen.

Dieser Mann starb, weil er bei lebendigem Leib verbrannte, und uns überlief ein Schauder, weil uns die Zunge am Gaumen kitzelte!

Verzeih uns, o Herr; im Namen des Vaters und des Sohnes und des heiligen Geistes, von einer Seite des Gebisses zur anderen, Amen.

Wir lagen auf dem Rücken. Ein langer, flacher Fels blockierte unsere eine Körperseite. Vom Kinn bis zum linken Knie; er bedeckte unseren ganzen Brustkorb, den Bauch – wie ein Grabstein. Wir waren gefangen. Jeglicher Bewegungsversuch war sinnlos; wir schafften es nicht, uns aufzurichten.

Hier rechts schimmerte etwas, es bewegte sich.

Von wem stammte denn dieses Stück lebendigen Leibes?

Ein Zehennagel.

Von einem großen Zeh.

Der Zeh krümmte sich.

Wir machten einen Test; um uns zu vergewissern. Wir dachten an unseren Fuß und stellten uns vor, wir würden die Zehen bewegen.

Der große Zeh bewegte sich; er grüßte uns von weitem.

Es war unser rechter Fuß.

Hallo, Fuß!

Dann waren wir also noch heil!

Wie war es dem Erdrutsch gelungen, uns die Schuhe auszuziehen? Wie hatte er uns die Socken vom Leib reißen können?

Auf dem Berg ließ sich nur eine etwas dunklere Stelle erkennen, an der sich die Gesteinslawine gelöst hatte. Das Felsmassiv war jedoch fest und unversehrt; es sah aus, als wäre nur ein wenig Putz abgebröckelt.

An der Felswand kam jemand heruntergeklettert. Er hielt sich an den Steinen fest, sprang herab wie ein Tier.

Er kam hierher!

Bekleidet war er mit einer Jacke und einem Paar Stiefeln; die Beine waren jedoch von den Schenkeln bis zu den Knöcheln völlig nackt. Er war sehr groß, und mager. Wie ein Flamingo bewegte er sich; ein Sumpfvogel mit dürren Beinen. Die Knochen der Beine waren entsetzlich dünn, zwei Besenstiele mit einem Knauf anstelle der Knie. Sein Gesäß war unbedeckt, ein Lendenschurz hing vor seinen Schamteilen.

Der Felsblock lag genau auf unserem Kinn, eine Art Knebel aus Erde hinderte uns am Sprechen. Wir versuchten zu schreien, ihn zu rufen. Die Stimme blieb uns im Hals stecken.

Der Mann stand nun vor dem Wrack des Helikopters und bückte sich zu dem verbrannten Piloten herab. Er wollte ihn mit den Fingerspitzen berühren, zog aber rasch die Hand zurück.

Er hatte sich die Finger verbrannt!

Vorsichtig, mit der Fußspitze stieß er ihn an. Dann gab er ihm einen Schubs und drehte ihn auf den Rücken.

Violette Flammen bedeckten den Piloten. Aus seinem Bauch rauchte es. Das Feuer hörte nicht auf, an ihm zu züngeln, es zehrte ihn auf.

Der Mann mit dem Lendenschurz richtete sich wieder auf; er blickte sich um.

Hierher mußt du schauen, nicht dorthin, der ist schon tot; hier ist noch jemand am Leben!

Nicht einmal den Hauch einer Stimme brachten wir hervor.

Wir öffneten die Augen und schlossen sie wieder; schlugen die Lider so rasch wie möglich auf und zu. Wir konnten lediglich ein immer wieder unterbrochenes Signal mit dem Weiß der Augen geben. Vielleicht würde es uns so gelingen, auf uns aufmerksam zu machen; die Augen müßten eigentlich aus dem schwarzen Schlamm hervorstechen.

Wir stellten uns vor, wie jemand unsere Augen sähe; bestimmt wirkten sie wie zwei weiße, von Erde eingefaßte Kieselsteine, zwei himmelblaue Kreise, die da glitzerten.

Wir richteten die Pupillen auf ihn; schauten ihn durchdringend an.

Der Mann kratzte sich gerade am Hals.

He, hier sind wir; wir leben noch!

Er berührte immer noch den rauchenden Kadaver des Piloten mit der Stiefelspitze. Dann drehte er sich um und ging in unsere Richtung. Er schaute zu Boden, war ganz auf seine Schritte konzentriert.

Wir sind noch am Leben, he, hier sind wir!

Alles, was wir tun konnten, war mit den Augen zu blinzeln und mit der großen Zehe zu winken. Verzweifelt schwenkten wir den Zehennagel hin und her, wie ein Fahnenschwinger! Wir schlugen die Lider auf und nieder, zogen die Augenbrauen in die Höhe. Die Beschränktheit der uns zur Verfügung stehenden Mittel beschämte uns, dumpf ahnten wir, wie lächerlich all dies war. Wir kämpften bis zur Erschöpfung, um mit einer Zehe und zwei Lidern auf uns aufmerksam zu machen!

Der Mann mit dem Lendenschurz drohte an uns vorbeizugehen.

Er ging an uns vorbei. Wir sahen ihn aus unserem Augenwinkel verschwinden. Er war vorbeigegangen. Verschwunden. Hatte uns nicht gesehen. Wir schlossen die Augen. Und seufzten.

O Herr, warum hast du uns nicht verlassen? Warum hast du uns nicht den Schädel unter einem Stein zertrümmert?

Und nun erreichte uns die Barmherzigkeit des Todes. Da, wir spürten sie auf der Stirn; die Hände des Todes fingen an, um unseren Kopf herum zu graben: Gleich würde er uns verschlingen, er wollte uns versinken lassen.

Wir baten um Vergebung für unsere Sünden. Dachten an Marianna. Taten den letzten Atemzug.

Leicht drang die Luft in unsere Brust; der Brustkorb dehnte sich. Wir schlugen die Augen auf: Der Mann im Lendenschurz war neben uns, er versuchte, den Felsblock von uns fortzunehmen. Er drehte den Stein um, kippte ihn zur Seite. Dann schaufelte er mit den Händen die Erde aus dem Weg.

Er befreite uns! Er packte uns am Knöchel und am Handgelenk.

He, langsam, wir wissen noch nicht, ob wir uns etwas gebrochen haben!

Wir stöhnten dumpf, waren noch nicht in der Lage zu sprechen. Abermals versuchten wir, den Schlamm auszuspucken, der uns das Gebiß zwischen Zahnfleisch und Lippen verkleisterte.

Der Mann zog uns aus der Erde. Er legte uns neben dem Grab nieder.

Im Schlamm blieb der Umriß unseres Körpers zurück.

Der Mann ging wieder auf die andere Seite des Steins und kippte ihn erneut um; er legte ihn auf den leeren Umriß.

Also begrub er unser Grab!

Jetzt tastete er unser eines Schienbein ab. Wir spürten nichts; und trotzdem konnten auch wir sehen, daß sich der Stoff der Hose spannte, daß das Knie geschwollen war.

Der Mann schaute uns in die Augen, er wollte sehen, ob wir Schmerz empfanden. Sein Bart war ganz wirr und zerzaust, aber seine Haare waren äußerst sorgfältig frisiert und unheimlich lang, mit einem Scheitel in der Mitte des Kopfes. Bis zur Schulter hingen die Haare grau herab, doch von der Schulter zur Brust waren sie pechschwarz; sie mußten urplötzlich gealtert sein, von einem Tag auf den anderen, vor wer weiß wie langer Zeit.

Die Jacke war mit trockenem Schlamm verkrustet, versteinert, als wäre sie in eine Wanne mit Zement gefallen. Die Knöpfe glänzten jedoch golden. Es schien eine Uniformjacke zu sein, der Rock eines Soldaten.

Darunter trug er keinen richtigen Lendenschurz. Es war der Maulkorb eines Hundes, den hatte er sich um die Hüften gebunden. In dem Maulkorb steckten seine Schamteile.

Der Mann bückte sich und schob uns den einen Arm unter die Schulterblätter, den anderen unter die Knie. Mit einem Ruck hob er uns hoch. Sobald wir spürten, wie unser linkes Bein, das geschwollene, vom Knie abwärts hin und her baumelte, wurde der Schmerz ganz heftig und wir fielen in Ohnmacht.

Mit dem Gesicht nach unten wachten wir wieder auf. Wir waren auf dem Rücken des Mannes, der jetzt auf dem Boden lag. Er mußte uns während der Ohnmacht auf sich drauf gerollt haben. Das Bein tat uns weh; wir stöhnten leise, spuckten erdigen Speichel aus.

Der Mann nahm unsere Handgelenke und legte sie sich um den Hals. Dann stand er auf, den Rücken nach vorn gebeugt.

Wir hielten uns am Hals des Mannes fest. Atmeten den Geruch seiner Haare und seines Halses ein, ein fossiler, mineralischer Schweiß.

Der Mann stieg vornübergebeugt den Berg hinauf; er trug uns wie einen Rucksack.

Wir sahen nur Felsvorsprünge und Steine unter uns und blickten zu Boden; wir konzentrierten uns auf die Felsen, um nicht an das Bein zu denken. Unter unseren Augen sahen wir Moosflecken vorbeiziehen. Es wirkte, als hätte jemand aufs Geratewohl Gläser mit dunkelgrünem Lack ausgeschüttet.

Der Mann schritt mit uns auf dem Rücken voran; er stützte sich mit den Händen auf den Steinen ab, kletterte über Felsblöcke, bahnte sich einen Weg, wo gar keiner war.

2.

Wir hatten den Eindruck, einen Kleiderschrank zu betreten. Der Eingang der Grotte war leer, doch nach einigen Metern hingen da an den Wänden und der Decke Dutzende von Jacken und Hosen. Uniformen aus dem ersten Weltkrieg, so schien es uns; alle voller Mörtel. Die Kleiderpuppen, die darin steckten, waren Skelette.

Der Mann bettete uns auf ein raschelndes Lager, voller Blätter oder irgend etwas in der Art. Wir wurden im Vorraum der Höhle untergebracht, zwischen dem Eingang und den aufgehängten Skeletten; er verschwand hinter dem Vorhang aus Toten im Soldatenrock.

Wir blieben allein zurück und schauten durch die Öffnung nach draußen. Dort war ein Felsplateau; einige Steine sahen wie hingesetzt aus, um den Eingang zu verbergen.

Am Himmel hörte man entfernte Geräusche: Helikopter, groß wie Spatzen, von der Höhle aus betrachtet.

Wir stellten uns vor, wie sie dort landeten, wo der Erdrutsch niedergegangen war, neben dem Wrack des Helikopters, unweit der verbrannten Leiche des Piloten.

Wir stellten uns die Rettungsmannschaften vor, die aus den Hubschraubern sprangen und in ihre Funkgeräte sprachen. Sie schauten sich um und riefen dabei etwas in ihre tragbaren Telefone. Sie warfen einen Blick auf die Erdklumpen zu ihren Füßen und auf die zerbröckelte Felswand. Sie breiteten die Arme aus, schritten um die herabgestürzten Gesteinsbrocken, ohne zu wissen, wo sie beginnen sollten.

All dies stellten wir uns also vor, während die Geräusche von weit her zu uns drangen. Plötzlich aber tauchte hinter einem der Felsen vor dem Eingang eine Hand mit dicken Fingern auf; die Fingernägel waren ganz verkrustet, abgebrochen.

Sie hatten es bis zu uns geschafft!

Die Männer vom Rettungsdienst waren gekommen, sie hatten uns gesichtet, als der Mann uns huckepack trug; heimlich waren sie uns gefolgt, und beim Klettern hatten sie sich an den Händen verletzt.

Die Hand, die sich an den Fels klammerte, war nun zu einem ganzen Körper geworden, der im Gegenlicht im Eingang stand.

Wir wollten erleichtert aufschreien, doch dann dachten wir, daß vielleicht der Mann hinter dem Vorhang aus Skeletten hervorkommen könnte und die Rettungsmannschaft ihn festnehmen würde. Sie brächten ihn fort, um ihn auszufragen, sie hätten ihm wehgetan.

Wir blieben still.

Auf dem Felsplateau am Eingang hatte sich ein korpulenter junger Mann auf die Füße gehievt, er war bekleidet mit einer Trainingshose im Tarnmuster. Seine Haare waren ganz kurz, und er hatte ein schwieliges, verbranntes Gesicht. Auf dem Kinn sprossen ein paar vereinzelte Härchen, aber seine Züge waren sanft.

Wir bemerkten, daß uns der junge Mann nur mit einem Auge ansah.

Er schielte.

In der rechten Augenhöhle hatte er ein künstliches, vollkommen weißes Auge, ohne Iris oder Pupille.

Das lebendige Auge schaute unsere Augen an, die auf das tote Auge gerichtet waren. Peinlich berührt senkten wir da die Lider, als wollten wir ihn um Entschuldigung bitten, daß wir sein totes Auge so unverschämt betrachtet hatten.

Der junge Mann hatte sich bereits über uns gebeugt; er begann, uns das Gesicht mit beiden Händen zu streicheln.

Er massierte uns das Antlitz mit groben, schwerfälligen Liebkosungen; beinahe zerkratzte er uns die Wangen und die Stirn mit seinen Schwielen, den rauhen und rissigen Verhornungen.

»Uns tut das Bein weh, lieber Sohn«, sagten wir zu ihm. Wir stellten fest, daß dies die ersten Worte waren, die wir sagen konnten, seit wir beim Anblick des Bergrutsches den Schrei ausgestoßen hatten.

Sprachlos sah uns der junge Mann an.

»Wir scheinen uns das Bein gebrochen zu haben. Schau, es ist ganz geschwollen.«

Der Pole, der ja in jeden Winkel der Erde gereist ist, um das Evangelium zu predigen, hätte auf der Stelle das Volk erkannt, dem der junge Mann entstammte; er hätte es ihm sofort an der Physiognomie angesehen, und bestimmt hätte er ein paar Worte in seiner Sprache an ihn gerichtet, ihm vielleicht auch nur Frohe Weihnachten oder Frohe Ostern gewünscht. Aber wir glauben nicht, daß das genügt hätte. Seinem Gesichtsausdruck nach zu schließen, schien der junge Mann nicht einmal zu wissen, was das war: Worte. Er sah uns weiterhin mit vor Staunen offenem Mund an, als könne er es nicht fassen, daß wir geredet, daß wir etwas Besonderes mit der Stimme getan hatten.

»Wir sind von einer Gesteinslawine verschüttet worden. Es ist ein Wunder, daß wir noch am Leben sind«, sagten wir zu ihm. »Aber mit dem Bein steht es wirklich schlimm.«

Wir redeten weiter, nur um ihm weiteren Grund zum Staunen zu geben.

Während wir also mit uns selbst unsere mißliche Lage erörterten, berührte der junge Mann mit seinen schrundigen Fingerkuppen unsere Lippen und unser Kinn; er bewegte unseren Kiefer, als wolle er ihn dazu anhalten, weiterzusprechen. Nicht die Stimme war es, so schien es uns, die ihn in Erstaunen versetzte, sondern die Präzision und Vielfalt der Laute; die Ausformung der Konsonanten und Vokale, die wir von uns gaben.

»Der Bruch tut sehr weh, weißt du«, sagten wir zu ihm.

Vorsichtig öffnete uns der junge Mann den Mund und kam mit seinem Gesicht näher, er brachte das gesunde Auge ganz dicht an unsere Lippen. Noch immer bewegte er unseren Kiefer mit den Händen.

Er drückte unsere Wangen zu fest, wir gaben verwaschene, sinnlose Laute von uns. Wir ließen uns treiben, lauschten dem Klang unserer Stimme; eine Art Kinderlied kam uns über die Lippen. Wir sangen mit geschlossenen Augen, mit dem Mund in den Händen des Jungen.

Auf einmal spürten wir, wie uns eine bittere Flüssigkeit die Kehle hinabrann. Wir öffneten die Augen. Der Mann mit dem Maulkorb anstelle der Unterhosen war zurückgekehrt; er flößte uns dunkles Wasser aus einem Schälchen ein, das aus einem Totenkopf geformt war.

Wie gräßlich!

Wir schluckten ein wenig davon hinunter, hustend spuckten wir es wieder aus.

Der Junge hielt uns noch immer den Mund auf und streichelte uns das Gesicht mit seinen Händen aus Glaspapier.

Binnen kurzem vernebelte sich unsere Sicht. Wir beteten darum, er möge uns kein Gift eingeflößt haben. Wir rieben uns die Augen, kniffen sie zusammen, um gegen die Schläfrigkeit anzukämpfen, die sich unserer bemächtigte.

Der Mann mit dem Maulkorb hantierte mit einem Gürtel, oder vielleicht war es auch ein Seil. Er hatte das Skelett eines Soldaten von der Decke geholt, und jetzt befestigte er das Seil an einem verrosteten Haken. Dann formte er eine Art Schlinge.

Er wollte uns aufhängen! Von wegen Soldaten! Die Skelette, das waren Touristen, die sich verirrt hatten! Wanderer, die sie auf den Wegen überfallen hatten! Sie wurden in der Grotte ermordet! Aufgehängt! Noch am Haken zogen sie ihnen die Haut ab! Aßen sie scheibchenweise! Zerfleischten sie! Sie zogen ihnen die alten Uniformen an! Um sie als unbekannte Soldaten auszugeben!

Wir fingen an zu schreien, doch der Junge nahm auf der Stelle das Glasauge aus der Höhle und steckte es uns zwischen die Lippen, drückte es mit dem Daumen tief hinein.

Es war ein warmer, glatter Stein, ein Kiesel. Beinahe hätten wir ihn verschluckt.

Gewaltsam rissen sie uns hoch, drehten uns um, so daß unsere Beine in die Höhe ragten; dennoch spürten wir nicht, wie uns das Blut in den Kopf schoß, wir fühlten uns schwerelos, konnten wieder klar sehen; es war, als träumten wir etwas, das unserem Leib tatsächlich widerfuhr.

Vielleicht tat das Gift bereits seine Wirkung!

Wir hatten das Gefühl, weit weg von uns selbst zu sein; nahe der Höhlendecke schwebten wir durch die Luft, außerhalb des Körpers. Wir sahen unser gebrochenes Bein, das in die Schlinge eingeführt wurde, sahen das gespannte Seil um den Knöchel, ohne einen Schmerz zu spüren.

Der Mann und der Junge lockerten den Griff, sie ließen uns am Knöchel an dem Strick baumeln; wir spürten ein entsetzliches Reißen am Bein, ein unerträglicher Schmerz saugte uns wieder in unseren Körper hinein; ein weiteres Mal wurden wir ohnmächtig.

Danach mußten sie uns erneut ein Narkotikum gegeben haben, wir wissen es nicht; von dem Augenblick an wurde alles recht verwirrend, und in der Nacht gab es häufiges Stöhnen und Augen, die im Mund schmolzen, als Soldaten verkleidete Skelette, die in unserem Körper zerschellten, eine Messe, die der Kardinal Mortara abhielt, im Bademantel mit Badeschlappen, da waren Sprünge in rotes Wasser, das im Dunkeln purpurn wurde, der Geschmack nach schlammigem Blut in der Kehle; die Scheinwerfer der Hubschrauber, die über den Swimmingpool flogen.

Ein dumpfes Dröhnen weckte uns; am Himmel brummten hartnäckige Motoren.

Wir hatten einen schweren Kopf, gerne hätten wir weitergeschlafen, doch der Lärm wollte nicht aufhören; wir machten die Augen auf.

Es waren keine Motoren; der Lärm da draußen vor der Höhle rührte von etwas anderem her, ein Geschwader Helikopter hatte keinen derart zersplitterten, weiträumigen Klang.

Wir lagen hinten in der Vorhalle der Grotte, unter dem Zelt aus uniformierten Skeletten.

Der Eingang der Höhle, dort im Halbkreis des Himmels über den Felsblöcken, leuchtete im gestreiften Morgenlicht; Tausende von Meteoriten schraffierten die helle Fläche; die Landschaft schien in Stücke zu gehen, zu zerbersten: es hagelte.

Der Junge saß neben uns, lächelnd, sein totes Auge tränte. Er trat vor die Höhle, auf das Steinsims über den Felsblöcken, kam dann wieder zurück, kauerte sich neben uns und streichelte uns wie üblich das Gesicht; wir mußten den Mund öffnen, und er legte uns einen Eiskiesel hinein.

Wir tranken das Hagelkorn, schluckten durchsichtige Tropfen hinunter, ohne ein Milligramm Salz; so also schmeckte der Himmel.

Der Junge weinte noch immer mit dem toten Auge; schweigend ließ er die Tränen laufen, ohne Schluchzen. Er schlug das Lid auf: in der Augenhöhle schimmerte ein durchsichtiger, schillernder Kiesel.

Ein Hagelkorn anstelle des Auges!

Wir spürten seine feuchten Liebkosungen auf der Stirn. Wir schwitzten, bestimmt hatten wir Fieber. Wir hoben den Kopf, um unser Bein zu betrachten.

Dort, wo sonst unser Bein war, hatten wir Gewehre!

Sie hatten alte Gewehre an unserem gebrochenen Bein befestigt, wie die Schienen eines rudimentären Gipsverbandes.

Es schien uns, als wären wir tausend Jahre alt. Wir fingen an zu singen, ein Lied ohne Worte, unsere Stimme leistete uns Gesellschaft.

Der Junge neigte sich wie üblich über uns, um unseren Mund aus der Nähe zu betrachten.

Wir sangen ihm ein Lied ins gesunde Auge; dann nahmen wir sanft seinen Kopf und sangen ihm ins leere Auge, um es mit Musik zu füllen. Seine eisigen Tränen erfrischten uns das Gesicht.

3.

Nicht einmal die Hubschrauber waren mehr zu hören. Es mochte ein Monat vergangen sein, auch zwei: wir wußten es nicht. Ganz verwirrt waren wir: die beiden Eremiten flößten uns auch weiterhin ihren Narkosetrunk ein, der so überaus bitter schmeckte. Er versetzte uns in einen Zustand ständiger Benommenheit, wir verloren jegliches Zeitgespür, träumten vor uns hin.

Wir hatten uns daran gewöhnt, aus den Totenschädeln zu trinken. Anfangs wollten wir nichts zu uns nehmen; der

Junge stopfte uns einen trockenen Klumpen in den Mund; Brechreiz überkam uns. Wir spien alles wieder aus.

Nach ein paar Tagen begannen wir zu jammern. Wir steckten uns eine Hand in den Mund und bissen vorsichtig hinein, damit man sehen konnte, daß wir darauf herumkauten. In Anwesenheit der beiden Eremiten nahmen wir das Gebiß heraus, ließen es wie ein Paar Kastagnetten auf- und zuklappen.

Sie erschraken sehr, doch dann beugte sich der Junge über uns und preßte uns die Brust auf die Lippen. Er knöpfte sich die Jacke auf und steckte uns eine Feldflasche aus weichem Fleisch in den Mund, die aus einer Brustwarze tropfte.

Es war eine Frau!

Wir saugten säuerliche, salzige Milch ein.

So ging es tagelang. Zeitig am Morgen verließen der Mann und die Frau die Höhle; meistens wachten wir auf, und sie waren schon verschwunden.

Neben den Kopf hatten sie uns einige Schädel mit ihrem Trank gestellt; der machte uns schläfrig und zerstreute unsere Gedanken; es war das einzige, was es zu trinken gab. In einem anderen Schädel fanden wir für gewöhnlich uns unbekannte getrocknete Früchte: Beeren oder Knollen, wir wußten es nicht. Wir fragten uns, was wohl passiert wäre, wenn wir diese Schädel, anstatt sie zu leeren, mit dem vollgepfropft hätten, was in unserem Kopf war.

Am späten Nachmittag kehrten sie zurück; die Frau hielt uns die Brust hin.

Der Mann mit dem Maulkorb ließ sie nie allein mit uns.

Sie leisteten uns Gesellschaft im Vorraum der Grotte, setzten sich zu uns.

Die Frau nahm das Glasauge heraus; sie feilte sich die Nägel damit. Manchmal rieb sie stundenlang zwei kleine

Steine aneinander, um einen beinahe vollkommen runden Kiesel zu polieren; sie schliff alle Unebenheiten ab, glättete die Oberfläche; ab und zu machte sie eine Pause und probierte ihn an, steckte ihn in die Augenhöhle.

Ihre Sammlung von Kieselaugen wuchs. Sie besaß graue, grüne, rosafarbene, blaue, schwarze; vielleicht wählte sie die Farbe je nach ihrer Stimmung aus. Sie waren durchzogen von weißen oder gräulichen Maserungen; wenn sie einen von ihnen zwischen die Lider klemmte, ließ ihn die Tränenflüssigkeit schimmern, und die im Gestein eingeschlossenen Kristalle und Metallsplitter glitzerten.

Der Mann setzte sich hinter die Schultern der Frau und hielt ihren Kopf mit den Knien; er lauste sie wie ein Affe.

Wir wurden gewahr, daß er nicht etwa Parasiten abpflückte, sondern gleich die Haare. Er suchte sich die längsten aus, die er dann mit zwei Fingern packte und einzeln ausriß. Er tat dies, indem er einer genauen Ordnung folgte und nebeneinander wachsende Haare wählte, von der rechten Schläfe zur linken, in einem Bogen, mit unendlicher Geduld, Haar um Haar. Er tilgte einen feinen Streifen, ein paar Quadratmillimeter pro Tag. Auf diese Weise schien es, als versetze er den Haaransatz immer weiter nach hinten. Der Effekt war der eines Haarreifs, der im Verlauf der Zeit unmerklich rückwärts wanderte, von der Stirn zum Nacken. Unterdessen wuchsen die ausgerissenen Haare nach; in einigen Zentimetern Abstand von der Linie, an der sich der Mann zu schaffen machte, begannen sie erneut zu sprießen.

Eines Tages riß ihr der Mann das letzte Haar im Nacken aus; tags darauf fing er wieder an der Stirn an, wo nun wieder ein kleines Büschel zu sehen war.

Jeden Tag ließen uns die beiden Eremiten ein paar Minuten in der Vorhalle der Grotte herumspazieren. Die

Gewehre, mit denen sie den Bruch geschient hatten, waren zu schwer für uns; die zwei Eremiten banden sie los und stützten uns auf beiden Seiten. Die Frau gab uns unter der rechten Achsel Halt, der Mann unter der linken, so daß unser gebrochenes Bein niemals den Boden berührte. Wir mußten mit dem rechten Fuß auftreten, damit das gesunde Bein nicht verkümmerte.

Sie halfen uns bei der Erledigung unserer Bedürfnisse, zu zweit. Sie wuschen uns. Dazu benutzten sie auch den Regen; häufiger aber holten sie Wasser im Innern der Grotte. Es mußte jenseits der Skelett-Zeltwand eine Zisterne geben, ein Becken.

An den kühleren Tagen reinigten sie uns mit etwas weniger kaltem Wasser; sie wärmten es im Mund an und ließen es von den Lippen auf unsere Haut tropfen, beide leckten sie uns mit ihren flinken Zungen; vom Scheitel bis zur Sohle rieben sie uns damit ab. Wenn sie uns mit ihren Zungen wuschen, fühlten wir uns etwas weniger alt.

Es schien für sie keinen Unterschied zu machen, ob sie uns an den Ohren, dem Nabel, der Schamgegend oder den Zehen ableckten; unter ihren Liebkosungen kamen wir uns vor wie eine mit Haut bespannte Tafel, als wären wir nichts als ein Rücken, eine große Wange, mit ein paar vereinzelten Augenlidern auf Bauch und Ellbogen, und der ein oder anderen Nase, die zufällig aus den Knien, den Schulterblättern hervorragte. Wir wurden ein Gesicht, ein einziges Antlitz von Kopf bis Fuß.

Oft waren wir nackt in ihren Händen. Allmählich gewöhnten wir uns daran, und wir schämten uns nicht mehr für das, was wir waren, sogar so: verschrumpelt, vergreist in ihren Augen, auch in dem künstlichen der Frau und in den leeren Augenhöhlen der Soldatenschädel. Wir lernten zu vertrauen, reines Gewicht in ihren Armen zu sein.

Sie hatten uns eine Jacke angezogen; unsere Beine schützten zusammengebundene Stoffreste. Ab und zu wurden sie erneuert. Nachts deckten sie uns mit Uniformen und Lumpen zu. Die Kleider, in denen wir damals den Ausflug gemacht hatten, baumelten von einem der Skelette herab.

»Seid ihr Eremiten?«

»Seit wann lebt ihr hier?«

»Vor wem mußtet ihr fliehen?«

»Seid ihr hier geboren?«

»Wie überlebt ihr den Winter?«

Jeden Tag überschütteten wir sie mit einer Reihe von Fragen.

»Habt ihr euch gern?«

Wenn wir das Wort an sie richteten, kam die Frau sofort her und beugte sich über unsere Lippen; sie schaute der Zunge zu, die sich in unserem Mund bewegte – mit unbändigem Staunen. Manchmal wich sie mit dem Kopf ein Stück zurück und versuchte, die Töne, die aus unserem Mund drangen, mit den Händen zu greifen. Das geschah vor allem morgens, wenn es kühl war und der Atem sich zu einem weißen Hauch verdichtete. Die Frau schaute unserer verdichteten Stimme nach, ganz ergriffen von den Worten; sie tastete mit den Fingern in den Wölkchen unserer Sätze, als hätten sich ihre Fingerkuppen in einem Spinnennetz verfangen.

»Wißt ihr, wer Jesus ist?«

Wir brachten ihnen bei, das Kreuz zu schlagen. Wenn sie in die Grotte zurückkehrten, begrüßten sie uns nun so, sie fuchtelten sich etwas wahllos vor Stirn, Bauch und Brust herum, gaben sich hastige Klapse, und fast immer lachten sie dabei. Wir hätten es ihnen gerne anständig beigebracht, aber wie konnten wir das, wo wir mit einem bewegungsunfähigen Bein auf dem Boden lagen? Wir grüßten sie auf dieselbe Weise, imitierten ihr Kreuzzeichen, fuchtelten hastig mit der rechten Hand über unserem Körper und brachen ebenfalls in Gelächter aus.

Seit ein paar Tagen schenkte uns die Frau keinen der Kieselsteine mehr, die sie sich ins Auge steckte. Sie hatte Gefallen an einem farbigen, fast gelben Stein gefunden, der mit braunen und schwarzen Flecken übersät war. Sie liebte es, sich den Stein ins Auge zu stecken und uns damit zu necken: Dann setzte sie sich neben uns und betrachtete mit dem lebendigen Auge die unseren, die ihr totes Auge voller Pupillen und Leberflecken anschauten.

Eines Nachmittags trockneten sie uns am Ende der Reinigungsprozedur ab; sie bliesen auf unsere feuchte Haut; ihr lauwarmer Atem kühlte auf unserem Körper voll Wasser und Speichel ab; plötzlich stand die Frau auf, um uns aus der Nähe anzusehen, und dabei hatten wir dieses Mal gar nichts gesagt. Sie machte ein beunruhigtes, bestürztes Gesicht, hatte die Augen übertrieben weit aufgerissen, die Brauen krampfartig hochgezogen. Der Stein in der Augenhöhle zersprang von innen her, ein kleines Stück von dem Auge fiel ihr auf die Wange. Aus den Lidern lugte ein Schnabel hervor, zwei Pupillen, der Kopf eines Kükens. Die Frau nahm es vorsichtig aus der Augenhöhle. Sie setzte das Küken auf unsere Brust und lächelte uns an.

Sie hatte im Auge ein Ei ausgebrütet! Für uns!

Wenn die beiden Eremiten fort waren, nutzten wir die Gelegenheit und machten geistliche Exerzitien. Es waren Exerzitien ohne Worte, einfach so, ohne irgendwelche Gedanken. Vielleicht lag es an dem Trank, den sie uns immer einflößten; es war unmöglich, klar zu denken und sich bei der Meditation auf einen bestimmten Satz zu konzentrieren.

So schauten wir zum Beispiel auf die Höhlenöffnung. Der Himmel war hell, fast weiß. Wir starrten ihn nun an, um die winzigen Staubpartikel zu sehen, die in der Tränenflüssigkeit unserer Augen schwammen. Das war die erste spirituelle Übung, diejenige, die wir am häufigsten in der Grotte der Eremiten machten. Wir sahen feine Fäden, wie angedeutete Kommata oder Apostrophe, manchmal auch leuchtende Risse auf der Oberfläche unserer Augen. Da waren mikroskopische Schatten, die im Wasser unserer Augen dahintrieben, allerwinzigste Relikte oder tote Kleinstlebewesen, ohne Schwanz noch Flosse, die über den Film aus Tränenflüssigkeit vor unseren Augen glitten. Dies nannten wir das geistliche Exerzitium des kürzesten Blickes. Die Staubpartikel waren in der denkbar größten Nähe unseres Auges; um sie sehen zu können, mußte man jedoch auf das am weitesten Entfernte zurückgreifen, den Himmel. Erst vor seinem leuchtenden Schirm hoben sie sich deutlich ab.

Die zweite spirituelle Übung bestand darin, auf die Schläge unseres Herzens zu lauschen. Wir versuchten, das Pochen mit dem Gebiß zu hören. Wir öffneten die Kiefer einen Spaltbreit, so daß die beiden Zahnreihen sich gerade berührten. Jeder Herzschlag ließ das Innere des Mundes ein wenig anschwellen, das Eintreffen des feinen Blutschwalls führte dazu, daß die Zähne sich berührten. Dies nannten wir das geistliche Exerzitium des mineralischen Herzens; die Herzschläge waren das Lebendigste im gesamten Körper, sie hörten niemals auf. Und sie spürten wir im leblosesten, längst erstarrten Element des gesamten Körpers, den Zähnen. In unserem Fall waren sie sogar richtig tot, denn wir trugen ja ein Gebiß. Das Heranbranden des Blutes ließ unsere Zähne leise erzittern, wie ein Frösteln in Zeitlupe.

Die dritte spirituelle Übung bestand darin, die Nägel unserer rechten Hand anzustarren. Seit ein paar Tagen waren auf dem Nagel des Zeige- und des Ringfingers kleine weiße Flecken aufgetaucht, rundlich, insgesamt zwei oder drei. Vielleicht lag das an dem Essen, das wir in der Grotte bekamen. Ganz langsam wanderten die kleinen Flecken an den Nägeln entlang, von der Wurzel zum Rand. Wir verglichen sie mit den Wolken, die am Himmel trieben. Die Wolken brauchten wenige Minuten, um am Eingang der Höhle vorbeizuziehen, der wie ein großer abgekauter, ausgefranster Fingernagel aussah; der Himmel wuchs rasend schnell. Das also nannten wir das geistige Exerzitium der Ähnlichkeiten. Unsere Fingernägel hatten ja nichts mit dem Himmel zu tun; die kleinen weißen Flecken hatten nichts mit den Wolken zu tun; und dies erfüllte uns mit einem warmen Gefühl des Ausgeschlossenseins, einer unsäglichen Sanftmut. Stundenlang betrachteten wir die kleinen weißen Flecken; wir wußten, daß sie sich unmerklich verschoben, sie liefen auf die Fingerspitzen zu, wie der Rest des Fingernagels auch; sie wuchsen. So sehr wir unseren Blick auch verlangsamten, niemals hätten wir sie dabei ertappt, wie sie sich fortbewegten.

Ein anderes geistliches Exerzitium konnten wir nicht aus freien Stücken machen, vielmehr passierte es hin und wieder mit uns, vor allem am Anfang, nachdem wir den Trunk zu uns genommen hatten und bevor wir Schlaf fanden. Es schien uns, als hätten wir einen riesenhaften Leib. Wir büßten die Proportionen des Körpers ein, meterlang erstreckten wir uns über den Boden, dehnten uns aus, gingen in die Breite und die Tiefe. Dies nannten wir die spirituelle Übung des Körpers, der zur Kathedrale wird. Wenn wir einen Finger krümmten, schien es uns, als hörten wir ganz weit hinten in einem Kirchenschiff das Knacken der

Gelenke einer Holzplastik, die sich in die Fingerbeere verkrochen hatte. Wir lagen da und atmeten langsam erst ein, dann aus, der Atem lief horizontal an den Emporen entlang. Die Wirbelsäule bestand aus aneinandergereihten Kapitellen, wir hatten Angst, in uns selbst zusammenzustürzen. Einen derart heftigen Schwindel hatten wir niemals gespürt, und dabei lagen wir doch am Boden ausgestreckt, unverrückbar.

Im allgemeinen linderte der Trank, den uns die beiden Eremiten verabreichten, das Schmerzempfinden; zum Ausgleich schärfte es die Wahrnehmung unseres Körpers. Es gelang uns, von innen her das Geflecht der Venen einzeln zu verfolgen; wir entdeckten unterirdische Röhren voll dickflüssiger Lymphe, wir waren eine lebendige anatomische Tafel, die sich von selbst zeichnete. Wir fühlten das Blut und das Frösteln mit unterschiedlicher Geschwindigkeit vorüberziehen; ein Frösteln und ein Blutschwall waren gleichauf, das Frösteln wurde schneller, überholte. Das Innere des Körpers war nicht wie üblich ein loses Gewirr unter der Haut oder einfach eine Hülle mit Fleisch darin, die Empfindungen hervorbrachte. Wir spürten alle Einzelheiten, die Umrisse des Darms während der Verdauung, das Profil der Leber, jedes Organ war fein säuberlich wie auf einer Münze eingeprägt. Es gelang uns, die Knochen in den in Blut getauchten Muskeln zu zählen, einen nach dem andern, vom ersten bis zum letzten, mit geschlossenen Augen; wenn wir sie wieder aufschlugen, so taten wir es, um unsere Knochen mit denen der Skelette zu vergleichen, die von der Decke der Grotte herabhingen.

Das waren neben vielen anderen die vom Fleisch gelenkten geistlichen Exerzitien, die wir in der Höhle ausführten, wenn wir darin alleine waren; die meiste Zeit verbrachten wir jedoch damit, an Marianna zu denken.

Jeden Tag wurden wir unruhiger. Das Küken trippelte über unsere Wange, es pickte die Würmer auf, welche die Frau aus ihrem Auge hatte auf unsere Brust fallen lassen, einen nach dem anderen, unter abwechselndem Öffnen und Schließen der Lider.

Wir hatten Lust, uns zu bewegen, wollten endlich wieder einmal auf den eigenen Füßen stehen!

Wir waren allein. Also stützten wir uns mit den Fingerspitzen auf dem Boden ab und setzten uns auf. Wir lösten die Knoten des Seils, zogen die Gewehre am Bein heraus. Wir drehten uns um, legten ein paar Meter auf allen Vieren zurück.

Da fühlten wir uns gestärkt, ermutigt an Leib und Seele.

Wir versuchten uns an den Felsen hochzuziehen; schon knieten wir, schon standen wir aufrecht! Wir machten ein paar kleine Schritte seitwärts, indem wir uns an der Höhlenwand abstützten. Uns war schwindelig. Wir hielten uns rasch an dem Skelett eines Soldaten fest, um nicht hinzufallen. Wir waren völlig erschöpft. Daher setzten wir uns wieder hin.

Die folgenden Tage brachten wir damit zu, allein Gymnastik zu machen; wir beugten die Beine, die ganz taub vor lauter Kribbeln waren. Wir standen drei-, viermal pro Tag auf, taten jedesmal einen Schritt mehr. Wir stützten uns auf zwei Gewehre, als wären es Spazierstöcke, kurze Krücken, und gingen in der Vorhalle der Grotte umher.

Den Eremiten hatten wir noch nicht gezeigt, daß wir allmählich das Gehen wiedererlernten. Wir legten uns hin, bevor sie in die Höhle zurückkehrten, sie fanden uns auf dem Lager mit den um unser Bein gebundenen Gewehren, wir grüßten sie mit einem hastig auf die Brust geworfenen Kreuzzeichen.

Eines Morgens versuchten wir, ohne Zuhilfenahme der Gewehre zu gehen.

Wir humpelten auf das Felsplateau vor der Grotte hinaus.

Zur Linken verschwand ein Pfad hinter einem Grat. Unter uns gab ein Abhang den Blick frei auf eine tief in die Berge eingegrabene Schlucht. Diese war von feuchten Lichtflecken durchsetzt, die nach unten zu immer dunkler wurden; der Schatten verdichtete sich auf dem Talgrund immer mehr.

Wir breiteten die Arme aus, boten uns dem Steilhang dar.

Es schien uns, als würden wir die ganze Landschaft einatmen, die Berge, die Wolken.

Wir verrichteten unsere Notdurft in die Schlucht hinab, um die Lichtflecken dort unten zu durchlöchern; wir sandten einen endlos langen Wasserstrahl hinab, wie eine leuchtende Angelschnur, irisierend; einige Sekunden lang glitzerte sie, während sie aus uns herausfloß, sie fiel und war noch immer mit unserem Körper verbunden.

Uns wurde schwindelig.

Mit heftig pochendem Herzen gingen wir wieder in die Grotte hinein.

Wir hätten gern einen Blick auf das Innere der Grotte geworfen; allerdings fürchteten wir, dort auf Dinge zu stoßen, die wir nicht hätten sehen mögen; uns war nicht danach, an die Geheimnisse der beiden Eremiten zu rühren. Doch was für Geheimnisse? Sie hatten uns so überaus fürsorglich gepflegt, dies jedoch im Vorraum der Grotte; es mußte dafür einen Grund geben. Vielleicht wollten sie uns mitteilen, daß sie trotz ihrer Gastfreundschaft noch nicht alles mit uns teilen wollten. Vielleicht hatten sie vor, uns einer wilden Bestie zum Fraß vorzuwerfen, uns zu opfern.

Andererseits hatten wir wochenlang dort gelegen, waren allem, was dort vorbeikam, ausgeliefert – es hatte uns aber nicht einmal eine Maus oder eine Fliege besucht. Vielleicht wollten die beiden Eremiten uns begreiflich machen, daß wir die Freiheit zu gehen hatten, sobald wir wieder genesen waren. Wir hatten nicht das Recht, unsere Nase in ihre Angelegenheiten zu stecken, nur weil uns von einem Tag auf den anderen die Neugier gepackt hatte; das war nicht richtig, es stand nicht zur Debatte, mit kleinen Schritten, die Hände auf die beiden Gewehre gestützt, ließen wir das Zelt aus uniformierten Skeletten hinter uns.

Zuerst kam eine Art dunkler Korridor, ein Stollen, doch der hintere Teil der Grotte war nicht dunkel. Durch einen Spalt weit oben drang Licht, und zugleich rann dort Wasser herab. Es strömte aus einem natürlichen Kamin, lief an der Wand entlang und versickerte dann im Boden in einem Loch im Felsen. Der Kamin diente als Wasserleitung und Oberlicht zugleich.

Das Licht war ganz schwach; unsere Augen gewöhnten sich an das Halbdunkel; allmählich konnten wir den Raum erfassen, der uns umgab.

Der Bauch der Höhle war ein größerer Raum, von der Art einer Sakristei; die Decke war im Vergleich zu dem Vorsaal und dem Korridor doppelt so hoch. In der tiefsten Nische der Grotte, an der dem Spalt entgegengesetzten Wand, fand sich ein kreisrundes Lager aus den Fetzen diverser Soldatenröcke und Decken.

Näher am Licht fiel uns ein weiterer Kreis von denselben Ausmaßen auf, er setzte sich aus ganz unterschiedlichen Gegenständen zusammen, die in konzentrischen Kreisen angeordnet waren. In der Mitte lagen Schüsseln aus leeren Schädeln und Helme, die mit einigen Steinen abgedeckt waren. Dies waren wohl kleine Altäre, oder es wurden

Speisen darin aufbewahrt. Die Vorratskammer mit den Schädeln wurde von kreisförmig angeordneten Stiefeln umrahmt, und um diese lag ein Strahlenkranz aus Gewehren, einige intakt, andere zerbrochen.

Das runde Lager und die Kränze aus Gegenständen schienen uns nichts anderes zu sein als der Kreis des Schlafes und der Kreis des Wachens.

Wir traten an die Wand heran; aus der Tasche der Jacke, die wir trugen, zogen wir eines der Kieselaugen, die uns die Frau geschenkt hatte. Es war ein glattes weißes Steinchen. Auf die Wand, in eine Vertiefung hinter einem Felsen, zeichneten wir ein winziges Kreuz.

Als die beiden Eremiten zurückkamen, lagen wir wieder im Vorraum, die Gewehre waren wieder ordentlich an unser mittlerweile geheiltes Bein gebunden. Wir ließen uns säugen, waschen und umsorgen wie sonst auch. Als es dunkelte, deckte uns das Eremitenpärchen zu und verschwand wie jeden Abend hinter dem Vorhang aus Skeletten.

Wir beschlossen, ihnen am nächsten Morgen zu zeigen, daß wir wieder auf den Beinen waren. Wir wollten ihnen die Schüssel mit dem Trank aus der Hand nehmen und sie im Namen des Vaters und des Sohnes und des Heiligen Geistes taufen.

Wir schliefen ein mit der Vorstellung, daß die beiden Eremiten Hand in Hand auf ihrem runden Lager schliefen.

Mit einem Mal, so träumten wir, fahre ich aus dem Schlaf hoch; es ist dunkel, ich löse die Stricke um das Bein, schleppe mich humpelnd vorwärts, stütze mich dabei auf ein Gewehr, als wäre es eine Krücke. Ich schlüpfe durch den Vorhang aus Skeletten, durchquere den steinernen Korridor; die Sakristei ist matt erleuchtet, ein Kranz aus brennenden Lichtern umgibt das runde Lager; das Licht flackert in den Totenschädeln um das Bett aus Stoffresten.

Der Kopf der Frau hebt und senkt sich über den Schamteilen des Mannes, sie steckt sich seine Schamteile ins leere Auge, heraus und hinein mit aufgerissenen Lidern, der Körper des Mannes kommt aus ihrem Auge, als wäre er ein Blick aus Fleisch; dann verschlingt sie mit der Augenhöhle einen der Hoden des Mannes, faßt ihn mit den Lidern wie ein behaartes, mit Wimpern gefüttertes Auge. Einen Moment lang schaut die Frau zu mir herüber, ohne dabei die Schamteile des Mannes vollständig aus der Augenhöhle rutschen zu lassen; das lebendige Auge der Frau sieht in meine Augen, die in ihr totes, mit den Schamteilen des Mannes gefülltes Auge schauen; die Frau schaut mich an und weint dabei dickflüssige Tränen; aus der Augenhöhle rinnt ihr der Samen des Mannes über die Wange; aber ich vergebe ihnen, ich vergebe ihnen trotz alledem.

»Ich vergebe euch«, schreie ich den beiden Eremiten zu, lege das Gewehr an und drücke ab. Auf der Stirn der Frau öffnet sich ein blutiges Auge, brüllend springt der Mann auf; ich schieße ihm auf die Schamteile, er geht in die Knie, ich ziele auf seine Brust, drücke so oft auf den Abzug, bis das Gewehr endlich schweigt.

Von Furcht gepackt, wurden wir wach; wir zitterten.

Dann standen wir auf; es war noch Nacht, wir schlüpften durch den Skelettsoldaten-Vorhang.

Die beiden Eremiten schliefen Hand in Hand auf dem runden Lager. Leise rann das Wasser aus dem Lichtschacht die Wand hinab. Nur ein Licht tanzte in einem Totenkopf, ansonsten war alles ruhig.

Wir segneten den Schlaf der Eremiten und kehrten in den Vorraum der Grotte zurück, um weiterzuschlafen.

Doch wir fanden nicht mehr in den Schlaf. Wir wußten, daß dort in unseren geschlossenen Augen ein Traum lauerte, in dem ich leise die Sakristei betrat und ihnen den

Schädel mit dem Kolben des Gewehrs wie mit Axthieben zertrümmerte: zuerst den Kopf des Mannes, dann den der Frau; ich steckte mir den Gewehrlauf in den Mund und drückte ab, fünf- oder sechsmal; es geschah nichts; das Gewehr blieb stumm; ich zeichnete große weiße Kreuze auf die Wände der Grotte, ohne die Kieselaugen der Frau je aufzubrauchen; ich saugte an der Brust der Frau, bis sie austrocknete; es war warme Milch, süßer als gewöhnlich, ich spritzte ein paar Tropfen in die Augenhöhle voller Blut, auf den zerspaltenen Schädel der Frau; ich löste die Riemen des Maulkorbs von den Schamteilen des Mannes und sperrte das Küken darin ein, hielt es mir vor die Lippen und starrte es an, machte den Mund auf und ließ das Küken sich an meiner Zunge nähren; auf die beiden Leichen warf ich das Skelett mit meiner Wanderausrüstung; ich band mir helle Lumpen um Füße und Brustkorb, zerriß Stoffetzen, knotete sie um meinen Körper, zog mir eine Jacke und ein paar weite Hosen an, im Tarnmuster; aus dem Kreis mit den Gegenständen nahm ich auch ein paar Stiefel, getrocknetes Obst, Speise; ich warf den Totenkopf mit dem brennenden Licht auf die beiden Leichen, das Lager fing sofort Feuer, innerhalb weniger Sekunden füllte sich die Grotte mit Rauch.

Das waren die Träume, die in unserem Körper in der Tiefe der Grotte schlummerten.

Wir lagen mit aufgerissenen Augen da; die Knochen der Skelette schimmerten weiß in der Dunkelheit. Nach einer Minute, einer Stunde verließen wir die Höhle und gingen aufs Morgengrauen zu; in der Tasche hatten wir ein Kieselauge ohne Pupillen. Wir stiegen von der Felsplattform herab, folgten dem Pfad.

Voller Wut auf uns selbst blieben wir stehen, kehrten wieder um.

Am Eingang zur Höhle packten wir das schlafende Küken, das in den eigenen Federn versunken war: wir streichelten es, und da wachte es auf; sein Kopf spitzte aus dem Federbausch hervor, die Augen warfen uns einen winzigen Blick zu; sanft leckten wir die lidlosen Pupillen, den hauchzarten Federschopf; dann bissen wir ihm den Kopf ab und verschlangen es.

Und wieder flohen wir aus der Grotte.

Von Zeit zu Zeit blieben wir stehen und sprachen dem Bein Mut zu; wir erzählten ihm von Marianna. Zwischen Felsblöcke gekauert, in den Nischen des Berges, schliefen wir. Wir wählten die am wenigsten exponierten Pfade.

Bevor wir hinter einem Bergkamm verschwanden, drehten wir uns noch einmal um und schauten zum Eingang der Höhle hinauf. Man konnte ihn nur schwer erkennen, hinter dem vorstehenden Plateau und den Felsblöcken.

Wir stiegen hinab, hielten uns in Richtung Süden und orientierten uns dabei an der Sonne. Plötzlich, als wir gerade an eine Gabelung kamen, erkannten wir das Tal wieder. Die Silhouette des Berges war wieder glatt, die Umrisse des Einsturzes waren nicht mehr zu sehen. Die Wunde des Erdrutsches hatte sich geschlossen; die Eingeweide aus Erde und Steinen waren in der Sonne hart geworden.

Im Tal fand sich keine Spur mehr von den Erdmassen. Alles war planiert worden, man sah die tiefen Reifenabdrücke und die Schaufelspuren der Bulldozer.

Wir kehrten zurück auf unseren Weg, schlugen eine andere Richtung ein.

Es schien uns, als hörten wir Geräusche um uns herum, hinter unserem Rücken; zur Seite gerückte Steine, zertretener Kies. Wir drehten uns abrupt um: niemand. Dann gingen wir in den Wald hinein. Die Stille war dunkel, tief; ab und zu der Ruf eines Vogels, das Knacken eines trockenen Astes. Wir blieben stehen und sahen hinter die dicksten Stämme: nichts.

Wir traten auf einen schwarzen Kadaver: ein haariger Körper am Boden. Es war die Leiche eines Hundes, ein toter Hund also. Wir blieben stehen und starrten ihn lange an; während wir einen toten Hund betrachteten, mußten wir an einen toten Hund denken. Wir schauten einen toten Hund an und dachten, daß dies ein toter Hund war. Ein vollkommener Gedanke.

Nach ein paar Stunden setzten wir uns unter einen Baum. Wir schliefen ein. Als wir wach wurden, fanden wir neben uns einen kleinen Helm mit frischem Obst. Und doch waren wir fest davon überzeugt, daß er vorher nicht dagewesen war. Die beiden Eremiten folgten uns heimlich! Sie sorgten aus der Entfernung für uns.

Wir spuckten in den Helm, traten mit den Füßen auf das Obst ein.

Wir folgten ausgetrockneten Pfaden, Spuren im Gras, die aussahen wie Bäche aus Fußabdrücken; hinkend schleppten wir uns zu Tal.

4.

Als wir die erste Zementsäule sahen, war es beinahe Abend. Die Pfeiler waren in das Tal gerammt worden. Es begann zu regnen, wir stellten uns zwischen den Pfeilern unter; die Straße diente uns als Dach, wir spürten, wie sie über unserem Kopf bebte, wenn die Fahrzeuge über sie hinwegbrausten.

Wir versuchten, uns ins Gras zu legen und ein wenig auszuruhen, doch die Feuchtigkeit und die Automobile über uns hinderten uns daran einzuschlafen. Sie hielten uns wach, steuerten sie doch zusammen mit unseren Gedanken ein und dieselbe Richtung an.

Also standen wir wieder auf und kletterten im Regen die Böschung hoch, langsam, um nicht auszurutschen. Wir erreichten die Brücke aus Asphalt; sie verband sich mit der Erde, nahe der Tunnelöffnung.

Wir stiegen über die Leitplanke und standen nun am Rand der Überführung.

Wir gingen ein paar Schritte in den erleuchteten Tunnel hinein, um aus dem Regen herauszukommen.

Wir brauchten nur wenige Minuten zu warten. Sobald wir die Scheinwerfer sahen, die da näherkamen, breiteten wir die Arme aus.

Der Lastwagen bremste und blieb schließlich stehen, die Beifahrertür ging auf.

Wir kletterten hinein.

Der Mann am Steuer reichte uns ein Handtuch, bevor wir noch den Mund aufgetan hatten.

Was er sagte, verstanden wir nicht; er sprach hastig, deutsch, wie uns schien. Bestimmt hätte der Pole sofort mit Worten Freundschaft geschlossen.

Er zeigte uns eine Landkarte von Italien.

Wir deuteten auf einen Punkt inmitten der Ebene.

Der Lastwagenfahrer nickte.

Wir blickten uns im Führerhaus um. Im Grunde unseres Herzens hatten wir damit gerechnet, es mit allerlei unschicklichen Bildern ausgestattet vorzufinden; doch wir sahen nur eine Fotografie in der Nähe des Lenkrades, die Gesichter einer Frau und eines kleinen Mädchens, die sich aneinanderschmiegten; lächelnd schauten sie ins Objektiv; unter dem Foto stand etwas geschrieben, das wir nicht entziffern konnten.

Der Lastwagenfahrer blickte stur geradeaus, er fuhr,

ohne uns Fragen zu stellen. Als wir uns abgetrocknet hatten, streckte er den Arm aus und bot uns eine ganze Packung deutscher Kekse an.

Wir dankten ihm und deuteten auf das Foto mit der Frau und dem Mädchen.

Für einen kurzen Moment blickte der Lastwagenfahrer von der Straße auf, er erwiderte unseren Blick mit einem Lächeln der Genugtuung. Dann streichelte er das Gesicht des Mädchens auf der Fotografie und hielt drei Finger hoch.

Drei was?

Drei Jahre?

Seine Tochter war drei Jahre alt?

Er hatte sie drei Tage lang nicht mehr gesehen?

Dreitausend Mark kostete ihn der Unterhalt für seine Frau und seine Tochter pro Monat?

Wir knabberten die deutschen Kekse, der Lastwagenfahrer erzählte uns von seiner Tochter.

»Hast du sie wenigstens taufen lassen?«

Der Lastwagenfahrer verstand uns nicht.

Wir suchten auf der Kekspackung nach der Liste der Zutaten, die in fünf Sprachen abgedruckt war. »Wasser«, sagten wir, auf deutsch, und taten so, als würden wir welches über ein Neugeborenes schütten.

Unsere Aussprache brachte den Fahrer zum Lachen; er lachte und korrigierte uns.

Wir lasen ihm sämtliche Zutaten vor, indem wir nach jedem Wort die Luft mit einer entsprechenden Geste tauften.

Der Fahrer lachte wie verrückt, »Malzextrakt« wiederholte er, und »Backtriebmittel«, während wir Wort für Wort die Zutaten der deutschen Kekse über die Stirn einer imaginären Neugeborenen gossen; der Fahrer hörte uns zu und bejahte mit einem Nicken.

»Was ja? Hast du sie mit den Zutaten für Butterkekse taufen lassen?«

Wir sahen aus dem Fenster in den rechten Außenspiegel; ein alter Mann mit Bart und langen Haaren blickte uns an; er hatte rote Augen unter den zerzausten, buschigen Augenbrauen.

Wie sehr wir uns verändert hatten!

Der Lastwagenfahrer deutete mit dem Daumen über unsere Schultern.

Wir kletterten auf die schmale Liege hinter den Sitzen, direkt unter dem Dach des Führerhauses.

Wir knöpften unsere Jacke auf; der Motor des Lastwagens wiegte uns wie eine große Mama.

Eine Hand weckte uns, indem sie uns an der Schulter rüttelte.

Das Gesicht des Fahrers rief in wenigen Zentimetern Entfernung nach uns; er deutete auf die Windschutzscheibe; es war noch Nacht, der Lastwagen stand, und die Scheinwerfer beleuchteten ein Schild am Straßenrand, das den Beginn eines Dorfes markierte, die Grenzen einer Diözese.

Auf dem Schild stand »Mira«.

Der Fahrer brachte uns zum Pfarrhaus.

Wir wiesen ihm den Weg zum Kirchplatz.

Er schenkte uns einen Pullover, den wir unter die Jacke anzogen, anstelle der Lumpen. Bevor er uns aussteigen ließ, steckte er uns ein paar Lire in die Tasche.

Wir blieben stehen und sahen zu, wie der Lastwagen wendete, um wieder zurück auf die Autobahn zu fahren; er füllte den ganzen Kirchplatz aus, brummte wie ein eingesperrtes Tier; wir fragten uns, wie der Fahrer es wohl geschafft hatte, ihn hierherzubringen; es schien uns, als hätte er ihn von oben herabgelassen, mit einer Winde oder einem Kran.

Wir setzten uns auf die Stufen der Kirche und warteten darauf, daß der Morgen graute; mit dem Kopf auf den Knien schlummerten wir ein wenig.

Vom Schlüsselbund des Mesners wurden wir geweckt.

Wir betraten die Kirche, setzten uns weit weg vom Altar auf eine Bank.

Der Mesner zündete mit Streichhölzern Votivkerzen an und schaltete das Licht der Seitenaltäre ein.

Wir erhoben uns wieder und begannen umherzugehen, um dem Mesner auszuweichen. Das hätten wir auch mit geschlossenen Augen tun können; wir kannten diese Kirche wie unsere Westentasche.

Vor einem der Seitenaltäre knieten wir nieder um zu beten. Wir sahen uns der riesigen Vergrößerung einer Fotografie gegenüber. Es war unser Bild, einige Monate zuvor aufgenommen; heiter lächelten wir zu einem Fenster heraus, mit weißem Talar und Kalotte, eine segnende Geste vollführend. Wir richteten fromme Gedanken an jenes saubere, bartlose Gesicht; wir beteten zu unserem Abbild, baten den Papst um Vergebung.

Dann kamen allmählich die alten Frauen; sie knieten in den ersten Bankreihen nieder.

Eine Glocke läutete; der Priester schien uns aus der Entfernung sehr jung zu sein; er trug eine eckige Brille und ging kerzengerade, ganz steif vor lauter Priesterwürde. Er begann auf der Stelle, aus dem Gedächtnis ein Gebet aufzusagen.

Es schien uns unglaublich, daß er die fünf alten Frauen vor ihm auf der Bank nicht einzeln begrüßte, daß er sie nicht danach fragte, wie es ihnen gehe, ob sie gut geschlafen hätten, wie es um ihre Gebrechen bestellt sei.

Die Messe lief über ein Mikrophon ab. Vor dem Evangelium nickten wir ein.

Wir öffneten die Augen. Ein Krampf zog uns den Bauch zusammen; wir hatten Hunger.

Die alten Frauen standen in einer Reihe vor dem Priester. Also standen auch wir auf und nahmen an der Kommunion teil. Wir verzehrten die Hostie, als handle es sich um die Waffel eines Eishörnchens, einen geschmacklosen Kartoffelchip.

Sofort ließen die Krämpfe nach, wir fühlten uns gesättigt. Dann knieten wir auf der einen Seite des Beichtstuhls nieder und warteten. Der junge Priester kam nach fünf Minuten. Vom Innern des Beichtstuhls heraus duzte er uns.

Wir beichteten ihm verliebt zu sein.

»Das ist nichts Schlimmes. Die Liebe ist ein Geschenk des Herrn«, sagte der junge Priester zu uns.

Wir waren in unsere alte Haushälterin verliebt, die Haushälterin des Priesters; wir waren in Marianna verliebt.

Der junge Priester blieb still; dann sagte er zu uns, Marianna sei eine Heilige, die ihr Leben Gott geweiht hatte.

Wir seien bereit zur Liebe, erwiderten wir. Wir könnten nicht mehr ohne Marianna leben, wollten ihr beischlafen, ihr Fleisch liebkosen, Kinder mit ihr haben. Gott würde unsere Liebe segnen, indem er uns zahlreiche Nachkommen schenkte, wie er es mit Abraham und Sarah getan hatte, als die beiden bereits alt und hinfällig waren und sich nichts mehr vom Leben erhofften. Wir hatten gelernt, ein ganzes Leben lang zu lieben; jetzt war der Augenblick gekommen, der richtige Augenblick; wir fühlten uns bereit, mit Marianna zusammen eine Familie großzuziehen, wir mußten sie sehen, um es ihr zu sagen.

»Das beste Mittel, um deine Liebe in ein reines Gefühl zu verwandeln, ist ein Gebet für die gute Marianna«, sagte unser Nachfolger zu uns.

Wir erteilten ihm die Absolution, erhoben uns und gingen hinaus.

Die Kaffeebar auf der Piazza hatte gerade aufgemacht. Wir bestellten eine Coca-Cola.

Der Mann hinter der Theke fragte uns, woher wir kämen.

»Wir sind Pilger«, sagten wir.

»Ihr seid eine ganze Gruppe? Ist schon ein bißchen zu spät.«

Der Mann erzählte uns, daß Marianna nicht mehr im Pfarrhaus wohnte. Er zeigte uns einen Schaukasten, der neben den Videospielen hing, und ließ uns die Zeitungsausschnitte neben den Ergebnissen vom Fußballtoto lesen.

Wir erfuhren, daß der alte Pfarrer des Ortes zum Papst gewählt worden und innerhalb eines Monats gestorben war, im Gebirge. Wenige Tage darauf ging es Marianna auf einmal gar nicht gut. Die Haare fingen an, in die Gegenrichtung zu wachsen, unter die Kopfhaut; ihr Kopf schwoll an, der Schädel sah aus wie eine erloschene Glühbirne. Ihre Haut platzte auf, in ihrer Kopfhaut taten sich Risse mit fauligen Haarbüscheln auf. Statt nach vorn zu wachsen, gruben sich die Nägel zurück in die Finger- und Zehenkuppen, wie kleine Klingen; sie konnte die Hände nicht mehr benutzen, ihre Finger und Zehen waren zu Würsten angeschwollen. Sie konnte nicht mehr stehen. Man saugte ihr das vergiftete Blut aus, sie bekam ständig Transfusionen, Tag und Nacht verabreichte man ihr Spritzen. Ihre Wunden mußten jede Woche geöffnet werden, damit man die Nägel herausschneiden konnte; es sollte verhindert werden, daß sie ihr an den Armen und Beinen hinaufwucherten. Man hatte versucht, ihr ein paar Finger zu amputieren, doch die Nägel begannen von neuem, in den Körper hineinzuwachsen, an der Stelle, wo die Finger abgetrennt worden waren. Die Achsel- und Schamhaare versanken in den Körperhöhlen, wie Wurzeln gruben sie sich ins Fleisch. Sie war ganz geschwollen, mit Wunden übersät. Ihr Körper reagierte und ummantelte Haare und Nägel mit einer Schutzschicht aus Fett, um sie zu isolieren; innerhalb weniger Stunden hatte sich jedoch alles infiziert und verdarb. Sie war über und über von dunklen Beulen aus Haaren und fauligem Fett bedeckt. Fast jeden Tag mußte sie operiert werden; es war unmöglich, die Haarwurzeln auszureißen und die Follikel auszuschaben. Massenweise strömten die Leute herbei, um sie anzubeten. Sie kamen von den Philippinen, aus Argentinien, um gesund zu werden. In der Vorwoche war sie nach Rom gebracht worden. Damit sie besser behandelt werden konnte; noch wollte man nicht von Wundern sprechen, erst mußten Kontrollen gemacht werden, Analysen.

Wir rannten nach draußen, auf die Piazza. Wir fragten herum, ob uns jemand mitnehmen würde, hielten Lastwagen und Automobile an.

Per Anhalter gelangten wir nach Rom.

Der Petersplatz war voller Menschen, die in der Sonne warteten.

Kardinal Mortara, ganz in Weiß, zeigte sich am Fenster. Anstelle des Handtuch-Turbans trug er ein schneeweißes Käppchen.

»Brüder und Schwestern«, sagte Mortara, »ich spreche mit vor Schmerz überfließendem Herzen zu euch; in diesem Augenblick möchte ich nicht hier sein, hoch oben, weit weg, sondern mitten unter euch, um es einem jeden von euch ins Ohr zu flüstern, einer jeden, und dann an eurer Schulter zu weinen und euch zu umarmen. Unsere gute Marianna ist in dieser Nacht zum Herrn heimgegangen.«

Die Leute applaudierten; sie weinten und bekreuzigten sich dabei.

Aus unserem Munde drang ein entsetzlicher Schrei; unsere Stimme verlor sich im Applaus und in den Bittgesängen.

Oben vom Kranzgesims der Basilika brach ein Stück von der Christusstatue ab; ein Steinchen löste sich von der Kante eines Augenlids. Wir sahen, wie es an der Fassade der Basilika hinabstürzte, vom Kranzgesims abprallte, an Größe zunahm, zum Kieselstein, zum Felsblock wurde.

Wir bahnten uns mit den Ellbogen einen Weg durch die Menge, um nicht zu spät zu kommen, um uns von ihm fortreißen zu lassen.

Plötzlich erhob sich ein Wind auf der Piazza; der Windstoß, der von der Steinträne Christi herkam, zerzauste uns die Haare, die Schöße der Jacke fingen an zu flattern.

Wir humpelten durch die dicht gedrängt stehenden Menschen.

Zu Füßen der Fassade angelangt, senkten wir den Blick. Dicht vor unserer Schuhspitze lief eine Ameise über den Kirchplatz.

Das Steinchen schlug einen Millimeter von seinen winzigen Beinen entfernt auf.

Die Ameise lief weiter.

Der Zerstörer

Zu meinem einundzwanzigsten Geburtstag bekam ich von meinem Vater eine Fitneß-Ausrüstung geschenkt.

»Du bist schmaler als ein Handtuch!«

»Aber Papa, ich habe keine Zeit. Ich muß lernen.«

»Was denn, du hast keine Zeit?! Eine Stunde oder eine halbe pro Tag, komm wir trainieren zusammen.«

Drei Wochen danach hat er seinem Abteilungsleiter ins Gesicht gegähnt, und dabei platzte sein Hemdkragen, so daß der oberste Knopf absprang, und dann auch die Knöpfe auf der Brust, wie bei einer Gewehrsalve. Er mußte sich eine neue Garderobe zulegen. Nach einem Monat spannte schon wieder alles.

»Paß auf«, sagte sein Schwager zu ihm, »mit Anabolika sollte man es nicht übertreiben.« Mein Onkel ist nämlich Tierarzt.

»So ein Zeug nehme ich doch überhaupt nicht!« erwiderte mein Vater, etwas beleidigt, als hätte man ihn beim Schummeln erwischt. »Nur ab und zu ein paar Vitaminchen. Aber einen Hunger habe ich, Tag und Nacht könnte ich essen. Mein halbes Gehalt geht für Steaks drauf!«

»Paß trotzdem auf, auch das Cholesterin kann einem böse Streiche spielen.«

»Du weißt immer alles, aber ich bin doch keines von deinen mit Östrogenen vollgepumpten Kälbern. Also, mein Arzt sagt, es sei alles in Ordnung. Was glaubst du denn, ich lasse mich immer untersuchen. Und außerdem halte ich mich an die Regeln.« Und daraufhin wedelte er mit seinen Bodybuilding-Handbüchern. Eines, ein Taschenbuch, trug er immer bei sich. Der Titel *Aufbau* guckte seitlich aus dem Jackett, *eines gesunden Körpers*, stand halb verborgen in der Tasche.

Die Übungen mit den Geräten reichten ihm manchmal nicht, er bekam dann richtige Anfälle und mußte sich irgendwie abreagieren. Er kaufte sich eine Axt und zertrümmerte unten im Hof unseren alten Schrank.

»Was treiben Sie denn da, Signor Panizzón, haben sie Ihnen das Gas abgestellt? Ist der Boiler bei Ihnen kaputt?« rief ihm die Frau aus dem fünften Stock zu.

Vor einem Jahr hatte er sich in den Kopf gesetzt, im Sommer an einem Wettbewerb teilzunehmen.

»Aber geh, Ettore, in deinem Alter!« sagte meine Mutter zu ihm.

»Neunundvierzig Jahre, da gehöre ich fast noch zu den Jüngsten.«

»Die lachen dich doch bloß aus.«

Dann aber hörte ich sie lachen, nachts, im Schlafzimmer. Ich war noch auf, um mich auf die Prüfungen vorzubereiten, und steckte mitten in einem Satz von Weininger, *Also Mann und Weib sind wie zwei Substanzen, die in verschiedenem Mischungsverhältnis, ohne daß je der Koeffizient einer Substanz Null wird*, und da rief mich mein Vater, weil er mir zeigen wollte, wie er fünf Kilo mit der kleinen Zehe anheben konnte. Einfach so, ohne Tricks, der Fuß lag nämlich die ganze Zeit bewegungslos auf dem Hocker.

»Siehst du?« sagte er stolz, und meine Mutter klatschte in die Hände.

Ich verzog das Gesicht ein wenig, als wollte ich sagen: Ist doch nicht dein Ernst, und dann ging ich zurück in mein Zimmer, um weiterzulernen, *Also Mann und Weib sind wie zwei Substanzen, die in verschiedenem Mischungsverhältnis, ohne daß je der Koeffizient einer Substanz Null wird, auf die lebenden Individuen verteilt sind*, aber durch die Wand hörte ich, wie er wieder den Angeber spielte.

»Und jetzt, meine Herrschaften, der Muskel der Muskeln!« rief er. »Rechts eine Scheibe von zehn Kilo und links ebenfalls! Und noch mal fünf zur Rechten und fünf zur Linken!«

Es gibt in der Erfahrung nicht Mann noch Weib, könnte man sagen, ich sah erneut auf, als ich das unrhythmische Trommeln hörte, das die Spannung unterstreichen sollte. Auf dem Boden einer Waschmitteltonne, glaube ich. Rumm, tomm, tomm, rumm. Das mußte meine Mutter sein: das heißt, sie war es sicherlich; sie hat nie ein Gefühl für Rhythmus gehabt.

»Und noch die Stange und den Haken drauf, das macht fünfunddreißig Kilo!«

Rumm, rumm, tomm, rumm, *Es gibt in der Erfahrung nicht Mann noch Weib, könnte man sagen, sondern nur männlich und weiblich. Ein Individuum A oder ein Individuum B*, das Trommeln hörte auf, man hörte einen überraschten Ausruf: »O Gott! Du verhebst dich noch, Ettore! Zum Glück hast du da keine Knochen!« rief meine Mutter lachend. »Jetzt übertreib bloß nicht!« Ein weiteres hohes Quietschen, ein Applaus, »Bravo, bra-vo!«, *Ein Individuum A oder ein Individuum B darf man darum nicht mehr schlechthin als »Mann« oder »Frau« bezeichnen*, der Boden vibrierte kurz, als die Stange zur Aufhängung der Gewichte aufschlug, »Und das ist noch gar nichts! Wir werden den Rekord verdoppeln! Siebzig Kilo Lebendgewicht!« rief mein Vater, wieder ein Trommelwirbel, »Was machst du denn, Ettore, ich bin viel zu schwer! Jetzt mal im Ernst: ich wiege zuviel!« – *darf man darum nicht mehr schlechthin als*

»Mann« oder »Frau« bezeichnen, sondern ein jedes, – »Und jetzt: freihändig!« rief mein Vater. »Laß mich runter! Es reicht, Ettore! Du reißt mich ja auseinander! Geh rüber zum Bett und laß mich wieder runter!« – *ein jedes ist nach den Bruchteilen zu beschreiben, die es von beiden hat.*

Das Beste ist, daß er tatsächlich vier Monate später an dem Wettbewerb teilgenommen hat. Bis zu dem Tag hat er vier Monate lang überall im Haus seine Cremes verteilt, seine Ölfläschchen, Nahrungsergänzungsmittel, Wecker, die auf die Minute genau klingelten, wenn ein Imbiß außerhalb der Essenszeiten fällig war, seine Kalorientabellen, seine Eßpläne, seine Übersichten über die Gewichtssteigerung bei seinen Übungen: er brachte sie immer auf den neuesten Stand, trug mit Bleistift jeglichen Fortschritt ein, zeichnete aufsteigende Kurven, Grafiken wie Gebirgsketten. Er eroberte Gipfel, Spitzen, Kuppen. Er wurde riesig.

»Die Routine«, wiederholte er alle fünf Minuten, »ich muß die Routine einhalten.« Die Routine, das war das tägliche Trainingsprogramm. Mittlerweile redete mein Vater nur noch im Jargon der Bodybuilder, den hatte er aus den Fachzeitschriften und Lehrvideos, »Super Muscle«, »Body Bomb«, »Exploit«.

»Noch ein Set Abduktionen, damit der Untergrätenmuskel definiert wird«, sagte er schweißtriefend. Oder: »Auf keinen Fall möchte ich, daß mir zuviel Squat die Fast-Twitch-Fasern kaputtmacht.«

Ich hatte den Eindruck, daß er sogar ein Stück größer geworden war. Er ließ sich die Haare wachsen, wo er doch sonst jede zweite Woche zum Herrenfriseur gegangen war.

Da gab es diese Diskothek in Jesolo, *Devastum* hieß sie, mein Vater fuhr eine Woche früher in Urlaub und nahm sich ein Hotelzimmer in Jesolo, zusammen mit meiner Mutter, damit er ausreichend Zeit hatte, seine o-beinigen

Posen einzustudieren und sich bei den Vorausscheidungen schön braun präsentieren zu können.

Nach fünf Tagen rief meine Mutter an.

»Komm doch auch her! Dein Vater ist morgen abend im Finale.«

»Du, ich muß lernen.«

»Ach, hab dich doch nicht so, wegen dem einen Abend! Außerdem ist es ein Samstag. Es liegt ihm sehr viel daran. Bitte.«

Am nächsten Morgen war ich in Jesolo. Ich ging zu ihnen aufs Hotelzimmer. Mein Vater lag nackt da. Drei Viertel des französischen Betts nahm er ein. Meine Mutter machte gerade noch ein paar Korrekturen mit der Rasierklinge, sie suchte ihn von den Zehen bis zur Stirn ab, indem sie mit einer Lupe über seine Haut strich und dabei ab und zu die Klinge zum Einsatz brachte. Die übliche Torschlußpanik; es war überhaupt nicht nötig: seit er Muskeln aufgebaut hatte, war mein Vater beinahe vollkommen haarlos geworden.

»In ein paar Stunden gehen wir zum Mittagessen hinunter. Möchest du nicht vorher ein wenig an den Strand?«

»Hab' keine Lust.«

»Wie kann man denn keine Lust haben, wo die Sonne so herrlich scheint! Das Wasser ist gar nicht schlecht, heute morgen bin ich selber reingegangen, es war ganz klar.«

»Ich bleibe hier unten, auf der Veranda, ich habe ein Buch dabei.«

»Warum, in der Sonne kannst du wohl nicht lesen?«

»Ich möchte mich nicht so plötzlich der Sonne aussetzen. Sie sticht heute zu sehr.«

»Sag die Wahrheit, ist es wegen der Haare? Soll ich sie dir auch mit dem Wachs entfernen?«

Mit den Fitneßgeräten trainierte ich fast nie, ich war

schmächtiger und hagerer als zuvor, nur hatte ich unzählige Haare auf dem Körper bekommen. Abgesehen von Augen, Nägeln und Zähnen verwandelte ich mich zusehends in einen schwarzen Wattebausch. Ich wollte mich nicht so an den Strand legen, ich wollte nicht wegen Erregung haarigen Ärgernisses festgenommen werden.

Die Jury im *Devastum*: das ein oder andere angebliche Model, der Pulk einer weiblichen Rugbymannschaft, drei aus dem Publikum ausgeloste junge Frauen, zwei Fitneßstudio-Besitzer, die Frau des Diskothekenbesitzers, der Champion von vor zwei Jahren, Miss Super-Po von vergangener Woche und ein ganz normaler ältlicher Fettsack. Mein Vater trat als sechster an, nach ein paar etwas schlaffen Jüngelchen, einem anderthalb Meter großen Muskelproll aus Crotone und zwei riesenhaften Zwillingsbrüdern, völlig kahl, mit Schnauzbart. Die Moderatorin schnarrte ihre Rs ins Mikrofon: sie kündigte ihn als die »Überrraschung der Verrranstaltung« an.

Er betrat die Bühne in seinem feuerroten Tanga, die grauen Haare mit Gel auf den Schädel gepappt, im Nacken zu einem Ringelschwänzchen zusammengebunden. Obwohl er monatelang das Zähnefletschen trainiert hatte, um den Kiefer in Form zu bringen, gaben ihm die schlaffen Wangen das Aussehen eines melancholischen Mastiffs. Er begann mit seinen diversen Posen, ein Provinz-Apoll. Auf seiner Haut glitzerten Lichtreflexe, er war von Kopf bis Fuß eingeölt, bereit, sich vom Publikum in die Pfanne hauen zu lassen. Ein paar Pfiffe, spöttischer Applaus, so kam es mir jedenfalls vor, und ein anzüglicher Zwischenruf.

»Kneif den Arsch zusammen, sonst geht dir die Luft aus, Opa!« schrie jemand in der Menge: ich.

»Finden Sie das nicht gut?« fragte mich der Typ mit gelber Fliege neben mir in ernstem Ton.

»Ich finde das eher lächerlich«, sagte ich.

»Ach ja? Ich nicht. Ich respektiere Leute, die sich nicht gehen lassen. Dieser Mann ist großartig in Form, ich hätte nichts dagegen, wenn ich in zwanzig Jahren so aussähe. Behalten Sie Ihre Spitzfindigkeiten also für sich.«

»Sind Sie vom Ordnungsdienst?« wollte ich von ihm wissen.

»Wie meinen?«

»Arbeiten Sie für die Diskothek?«

»Nein, weshalb?«

Das Votum der Jury: zweimal sieben, einmal zehn, fünfmal neun, einmal vier und sechsmal acht. Die vier kam von dem ältlichen Fettwanst. Die zehn von der Frau des Besitzers. Die höchste und die niedrigste Bewertung wurden nicht mitgezählt. Insgesamt hundertsieben. Das Publikum applaudierte. Mein Vater hatte zwölf Punkte Vorsprung. Eine Übertreibung.

»Schiebung!« rief ich.

»Also wirklich, hören Sie doch auf, sich hier so aufzuplustern und zu ereifern! Lassen Sie mich jetzt in Ruhe zuschauen«, sagte der Typ mit der gelben Fliege.

»Aber sehen Sie denn nicht, daß sie ihn nur auf den Arm nehmen?« sagte ich. »Der bildet sich jetzt Wunder was ein, weil er erster ist, dem ist doch gar nicht klar, daß die das absichtlich machen, das ist doch inszeniert, um den Wettbewerb ein wenig anzuheizen. Gleich werden die wirklichen Konkurrenten auf die Bühne kommen, und dann kann er sich seine hundertsieben Punkte sonstwo hinstecken.« Ergriff ich etwa Partei für meinen Vater? Verwirrt machte ich auf dem Absatz kehrt und ging zur Bar hinüber.

»Willst du ihn wirklich pur? Nicht mal einen Tropfen Gin, einen Schuß Rum?« fragte mich das Mädchen im ledernen Minirock hinter der Theke.

»Nein, nein, schon gut so. Birnensaft ohne alles, danke.«

Mein Vater hielt wunderbarerweise dem Ansturm eines stämmigen Burschen mit dichten, rabenschwarzen Augenbrauen stand, hundertsechs Punkte, doch er brach unter dem Gewicht eines Schranks aus Pordenone zusammen, hundertzwölf.

Ich verließ die Diskothek, weil ich weder etwas für letzte Gefechte noch für Gnadenstöße übrig habe. Nachdem sie sich amüsiert hatte, würde die Jury nun zwangsläufig die Klauen ausfahren; nun ging es daran, meinem Vater durch Neunen und Zehnen mit Auszeichnung den Garaus zu bereiten. Ich stellte mir vor, wie er in Tränen ausbrach, wenn ihm die Realität seines alternden, dicklichen Körpers erneut bewußt würde, während meine Mutter ihn die ganze Nacht mit ihrem pathetischen Stimmchen tröstete. Ich packte meine Sachen im Hotel zusammen, setzte mich ins Auto und fuhr nach Hause.

Am Morgen danach wurde ich von einem Klingeln geweckt.

»Ja, wo warst du denn auf einmal? Wir haben uns Sorgen gemacht.« Die Stimme meiner Mutter tirilierte lauter als das Telefon.

Ich antwortete mit einem unwirschen verschlafenen Grunzen.

»Fragst du gar nicht, wie es deinem Vater ergangen ist? Du bist wirklich ein Stoffel!«

»Wie war's denn?« brachte ich mühsam heraus.

»Kauf die Zeitung. Dein Vater ist ein bißchen beleidigt.«

Ich schlief noch ein Stündchen. Dann duschte ich, trank einen Kaffee ohne ein Gebäck dazu, denn jetzt konnte ich ebenso gut die halbe Stunde warten, bis es Zeit war, das Wasser für die Spaghetti aufzusetzen. Mir fiel die Zeitung wieder ein. Es war Sonntag. Der Kioskbesitzer wollte gerade zumachen. Ich durchblätterte den Lokalteil. Venedig. Mestre. Marghera. Mogliano. San Donà di Piave. Auf der Seite von San Donà stand nur etwas über drei Tote vom Samstagabend, einen Überfall vorm Geldautomaten, dann noch das Interview mit dem Stadtrat zum Thema illegale Kioske und Grundsteuer. Ich blätterte um: Jesolo. *Mister Muskelpaket ist bereits fünfzig*, lautete die Titelzeile im »Gazzettino«. Und darunter, kleiner: *Die ersten drei disqualifiziert*. Mein Vater, der gerade von Miss Super-Po geküßt wurde, strahlte in körnigem Schwarzweiß, während er die Schlüssel zu dem Fiat Brava und einen Scheck über drei Millionen Lire entgegennahm. *Überraschungssieg: Ettore Panizzón, Postangestellter in San Donà*, hieß es unter dem Foto.

Ich rief im Hotel an.

»Entschuldige bitte, aber *weshalb* war er beleidigt?«

»Nun sag bloß, du weißt nicht, wann dein Vater Geburtstag hat! Er ist doch noch gar keine fünfzig!«

Ermutigt durch die Millionen und den Fiat Brava beantragte mein Vater den Vorruhestand.

Von da an folgte eine Reihe von Wettbewerben: auf lokaler, regionaler, nationaler, europäischer und interkontinentaler Ebene. Auch nach dem Sieg in der Kategorie »Over Forty-Five« in Vancouver wehrte er sich noch gegen ein Face-Lifting. Meine Mutter begleitete ihn überallhin, sie schickte mir die Videoaufzeichnungen nach Hause; er wurde immer fester und kompakter, wie in Stein gehauen. Aus jeder Zeitschrift sprang einen sein Foto an; in einem Werbespot im Fernsehen stürzte er einen Energietrunk hinunter. Den ganzen Sommer über liefen die Fünfzigjährigen in T-Shirts herum, auf deren Brust Ettore Panizzón im Vierfarbendruck prangte. Ab und zu hörte ich Interviews mit ihm im Fernsehen.

»Signor Panizzón, Sie sind nicht nur ein athletisches Phänomen, sondern auch ein Rätsel für die medizinische Wissenschaft. Innerhalb weniger Monate haben Sie, ohne Anabolika oder sonstige Tricks, ihre Muskelmasse verdreifacht, und nicht nur das: Ihre Knochen haben sich beträchtlich entwickelt.«

»Genau. Vor einem Jahr war ich einen Meter siebzig groß. Jetzt messe ich etwa zwei Meter und neun Zentimeter.«

»Wie ist all das möglich?« fragte der Interviewer und hielt das Mikrophon in die Höhe, indem er rasch den Arm über dem Kopf ausstreckte, um zu den Lippen meines Vaters zu gelangen.

»Nun, von einem wissenschaftlichen Standpunkt aus ist es, wie Sie schon sagten, ein Rätsel, und es steht sicherlich nicht mir zu, es zu lösen. Aber wissen Sie, ich glaube, der Streß, die Langeweile und die Zurückhaltung, denen ich während meiner dreißig Jahre als Angestellter unterworfen war, das ganze Leben hinter dem Schreibtisch im Büro sitzend: nun, ich glaube, früher oder später bricht sich das seine Bahn.«

»Die Frage ist ein wenig boshaft, aber sind Sie sicher, daß dieses plötzliche körperliche Aufblühen nicht zu einem Ungleichgewicht in anderer Hinsicht geführt hat, vielleicht in charakterlicher, in sexueller Hinsicht?«

»Schauen Sie, meine Frau ist auch hier. Sehen Sie meine Agostina nur an, und dann haben Sie die Antwort auf Ihre Frage.«

Die Kamera fuhr näher heran und fing meine Mutter ein, die vor einem Hintergrund aus Palmen und weißen Stränden herüberwinkte: strahlend, blühend, glücklich.

Ich schaltete das Fernsehgerät aus und widmete mich wieder meiner Magisterarbeit über Malinkowski.

Meine Mutter rief aus Osaka an, aus Tel Aviv und Sydney.

»Warum steigst du nicht in ein Flugzeug und kommst hierher, um es dir hier mit uns einmal so richtig gutgehen zu lassen? Dein Vater möchte, daß du sein Manager wirst. Du könntest die Pressearbeit für ihn erledigen, das würde dir Spaß machen. Du schreibst ihm die Antworten für die Journalisten.«

Ich hörte das synthetische Echo der Verstärker in der Telefonleitung; die Silben meiner Mutter kamen abgehackt bei mir an, ein immer wieder unterbrochenes Wogen. Ich stellte mir eine unendliche Reihe von Dominosteinen vor, die auf dem Grund des Ozeans aneinandergestellt waren; meine Mutter atmete in Sydney aus und setzte so die ganze Reihe in Bewegung, die daraufhin über Tausende von Kilometern hinweg umfiel, bis zu meinem Ohr hin.

»Er kommt sehr gut allein zurecht, scheint mir. Und außerdem muß ich meine Arbeit zu Ende schreiben.«

Letzten Monat ist mein Vater für eine Tournee nach Italien zurückgekehrt. Panizzón on tour. Er mußte eine Kette von Fitneßstudios einweihen. Die Wettbewerbe hatte er mittlerweile aufgegeben. Mit seinen zwei Meter fünfzehn, und das bei hundertachtundsechzig Kilo reiner Nitrozellulose, war er zur Witzfigur geworden. Sponsoren, klinische Tests, anthropometrische Bulletins, Pressekonferenzen und zahlreiche Fernsehauftritte.

Ich traf eine Entscheidung, setzte mich in den Zug und fuhr zur Talkshow, in der er Ehrengast war. Im Studio hatte man eigens für ihn einen Sessel konstruiert, der mit gewollt absurden Eisenträgern verstärkt war. Ich hatte mich unters Publikum gemischt und brütete jenen Satz im Kopf aus, der, dessen war ich sicher, meinen Vater vor Millionen von Fernsehzuschauern vernichten sollte.

Der Moderator der Talkshow lullte ihn den ganzen Abend mit verblüfften Worten ein, doch es war nicht zu übersehen, daß er am liebsten das Fragen hätte sein lassen, um wenigstens ganz kurz einmal jenen geheimnisvollen Körper anzufassen, dort vor allen, auf dem Podium.

»Möchte jemand aus dem Publikum Fragen an unseren Gast stellen?« fragte der Moderator und wandte sich den Zuschauern im Studio zu; er machte tatsächlich die Handbewegung des Priesters, der den Gläubigen symbolisch ein Stück von Gott anbietet.

Ich hob die Hand zusammen mit ungefähr zwanzig anderen Leuten, doch eine Blondine in der dritten Reihe schnappte mir im letzten Augenblick das Mikrophon aus der Hand.

»Signor Panizzón«, sagte die Blondine, und genau in dem Augenblick hörte man meinen Vater ein wenig husten, ein zweimaliges Hüsteln, als müsse er sich räuspern, dann sank er vornüber und stürzte vom Sessel herab.

»Wir gönnen uns jetzt eine kleine Pause«, sagte der Moderator in die Kamera und gab das Zeichen für die Werbung. Auf der Stelle hoben ein paar schmächtige Mitarbeiter des Studios meinen Vater hoch und trugen ihn hinter die Kulissen, so als wäre er urplötzlich federleicht geworden.

Im Krankenhaus ging es dann nicht mehr lange mit ihm, eine Woche hielt er noch durch, ganz verstrickt in ein Gewirr aus Schläuchen, Kabeln und Kathetern. Er war gleichsam hohl geworden, ausgetrocknet, verschrumpelt. Als er starb, wog er zweiundfünfzig Kilo bei einem Meter achtundsechzig.

Manchmal kommt mir jener Satz in den Sinn; ich denke gerade an etwas anderes, und plötzlich werde ich von jenem zerstörerischen Satz überfallen, den ich meinem Vater nicht mehr sagen konnte: dann fange ich an, wie wild mit den Fäusten loszudreschen, doch vor mir ist immer nur Luft, Luft, nichts als Luft. Nach einer Weile aber geht es vorbei, dann beruhige ich mich wieder.

Wasser

1. Im Schwimmbad.

Ich sehe den Mädchen der zweiten Gruppe zu, wie sie in meinen neuromagnetischen Hirnwellen schwimmen. Ich sitze am Beckenrand. Sie sind beim Brustschwimmen, drei pro Bahn, vierundzwanzig Köpfe, die ins Wasser tauchen und synchron wenden. Doch plötzlich geht mir der Satz durch den Kopf und fragt mich, was Liebe ist. Was Liebe allgemein ist, jenseits der Einzelfälle, die einen an diese oder jene Person binden. Ich denke darüber nach, was wohl die Tatsache bedeutet, daß … Mit einem Schlag verschwindet die blaue Masse, in der die Körper der Mädchen geschwommen sind. Auf einmal ist das Schwimmbecken leer. Da sie keinen Halt mehr haben, fallen die Körper der Mädchen auf den Grund. Sie prallen auf der Polsterung zurück, die schwammartigen Kissen sind so weich, daß sie darin versinken, als wäre es Gelatine. Die Mädchen schauen hinauf, zur Trainerin, sie begreifen nicht, womit sie diesen Totalausfall an Neuroenergie verdient haben. Ein Mädchen im violetten Badeanzug macht jedoch weiterhin Schwimmbewegungen auf dem Grund des Beckens, als wäre nichts geschehen. Das macht sie absichtlich, klar. Sie breitet die Arme aus, öffnet die Beine und zieht sie wieder zusammen. Wie ein Frosch bewegt sie sich, bis zur Leiter. Drei oder vier stehen um sie herum und kichern. Sie hüpfen von Kissen zu Kissen. Dann steigen alle aus dem Wasser, marschieren schweigend an mir vorbei. Einige werfen mir von der Seite her einen Blick zu.

»Wenn sie wirklich verliebt wäre, gäbe es nicht dieses plötzliche Nachlassen der Spannung« – das Mädchen im violetten Badeanzug flüstert dem letzten in der Reihe ins Ohr. Zu laut und deutlich für ein Tuscheln unter Freundinnen.

Ich habe das Kabel aus der Leiste gezogen und bin aufgestanden. Die Trainerin kam auf mich zu, ohne ein Wort zu sagen.

»Das ist heute das dritte Mal« – ich sage es für sie. Es gibt sowieso nichts zu leugnen. Ich habe wirklich keine Lust, mir Vorwürfe anzuhören.

»Versuch dich zu entspannen. Schwimm doch auch ein wenig.« Die Trainerin spricht mit ernstem Gesicht zu mir. Aber sie ist nicht streng, sie ist bekümmert. Sie setzt sich auf meinen Stuhl, hebt das Kabel auf und schließt es an ihren Nacken an. »Lach nicht. Ich mach' das alles aus dem Bauch heraus.« Sie überprüft, ob sie es gut unter der Badehaube befestigt hat. Dann erhebt sie die Stimme, damit sie alle hören: »Los, wir machen weiter. Eine Viertelstunde halte ich mindestens durch. Wenn ich es nicht schaffe, sage ich euch Bescheid.«

Eine braune Paste mit gelben Streifen füllt augenblicklich das Schwimmbecken.

Die Mädchen verziehen das Gesicht.

»Meine Lust auf eine Gehaltserhöhung« – die Trainerin spricht zu mir und deutet dabei mit dem Kinn auf die schlammige Brühe – »die einzige Neuroenergie, die meine Wenigkeit derzeit aufbringt. Na denn, geh du als erste rein.«

Ich lege den Bademantel ab und stürze mich in die neuromagnetische Flüssigkeit, welche die Trainerin mit ihren

Gedanken hervorbringt. Von der Dichte her ist es reinstes H_2O. Ihr Geist, oder was auch immer an seiner Stelle, sondert nur einfache Archetypen ab. Manchmal kommen bizarre Farbtöne heraus, fluoreszierende Anemonen und solche Sachen. Ich habe gesehen, wie Frauen, die neuromagnetisch verbunden waren, Pfützen mit wahren Scheußlichkeiten hervorbrachten, die da in der Tiefe schlummerten, Quallen, die in den Energiestrahlen zerschmolzen. Auch zahnlose Piranhas. Gestern hat sich sogar in meinem Wasser, das sonst absolut durchsichtig ist, ein dunkler Klumpen gebildet. Der Klumpen hat »Toter Mann« gespielt, an der Oberfläche. Drei Minuten hat es gedauert, dann hat er sich aufgelöst, und das Wasser ist wieder klar geworden. Viele sind wir nämlich nicht, die wir Schwimmbecken mit kristallklarem Wasser füllen können. Aber die Dichte ist jedenfalls immer die standardmäßige. Im neuromagnetischen Feld treibt man dahin wie in einem kleinen See aus stillem Mineralwasser.

Ich mache ein paar verschämte Schwimmzüge in der trockenen Flüssigkeit. Ohne mich den anderen anzuschließen, halte ich mich am Beckenrand.

»Jetzt üben wir Schmetterling«, sagt die Trainerin. »Alle bereit?« Auf der Stelle übertragen sich ihre gedanklichen Anweisungen auf unsere Bewegungen. Sie ist eine der wenigen Schwimmtrainerinnen, die in der Lage sind, magnetisches Wasser hervorzubringen und dabei gleichzeitig Bewegungsabläufe zu vermitteln. Unsere Aufgabe ist es nun, mit unseren Muskeln den Rhythmus zu halten. Arme und Beine sorgen für die körperliche Leistung, die in eine Bewegung eingekapselt wird, welche wiederum dem Leithirn der Trainerin entspringt. Es ist, als würde man eine Bewegung anlegen. Etwa so wie der Anzug eines Froschmanns, der einen einschließt, und einem eine bestimmte

Gangart auferlegt. Er bewegt sich nicht, sondern bestimmt deine Bewegung. Sagen wir, er gestattet dir nur eine bestimmte Abfolge von Schritten, deren Motor du selbst bist. Ein bißchen wie radfahren, man bewegt die Beine innerhalb des vorgeschriebenen Kreises der Pedale.

Die Trainerin begleitet uns, indem sie uns während der ersten Bahn die Bewegungen in allen Einzelheiten diktiert. Dann beginnt sie, ausgewählte Impulse zu übertragen. Jetzt kontrolliert sie nur das Spreizen unserer Arme, daher können wir uns auf den Impuls konzentrieren, der von den Lenden bis hinunter zu den Füßen reicht. Auf diese Weise vollführen die Arme eine perfekte Bewegung, man kann sie vernachlässigen: es reicht, sie zu bewegen. Die Trainerin kümmert sich darum, sie zu lenken, und eine ganze Bahn lang ist es unsere Aufgabe, auf falsche Beinbewegungen zu achten und sie durch unser Nervensystem auszugleichen.

Dann aber leitet sie uns nur schubweise an, jetzt müssen wir selbst den Brustkorb aus dem Wasser hieven, um die Bewegung so gut wie möglich zu erlernen, und danach hält uns die Trainerin wieder an den Armen und führt unsere offenen Hände wie Schaufeln unter dem Bauch durch. In jenem Sekundenbruchteil, jedesmal, wenn wir beim Sprung aus dem Wasser uns selbst überlassen bleiben, habe ich das Gefühl, eine gebogene Brücke zu sein, die sich hurtig von einem Ufer zum anderen spannt, unter sich ein Vakuum. Ich peile die andere Seite an, bemühe mich, die richtige Flugbahn zu finden. Um genau an die Bewegung anzuknüpfen. Ich stürze mich auf die andere Seite des Chaos, um dort den Schwimmstil wieder aufzunehmen. An der Schnittstelle der Perfektion.

In neuromagnetischem Wasser kann man atmen, ohne Luft holen zu müssen. Man bewegt sich in aerober Umgebung, schwebt in der Luft und wird dabei von einem Feld aus mehr oder weniger transparenten Kräften an der Oberfläche gehalten, je nachdem, welche emotive Energie von der für die Energiezufuhr Zuständigen ausgeht. Die Reibung ist fast gleich, aber verglichen mit dem Schwimmen in normalem Wasser ist es im Grunde eine andere Sportart. Der derzeitige Rekord über hundert Meter auf einer olympischen Bahn liegt bei 29 Sekunden und 348 Tausendsteln. Doch auch so zählt Schmetterlingsschwimmen zu den anstrengendsten Dingen auf dieser Welt.

Sobald die Trainerin uns völlige Bewegungsfreiheit läßt, drehe ich mich auf den Rücken und mache ein paar Schwimmzüge auf die Leiter zu. Ich klettere hinauf; eine salzige Flüssigkeit tropft von mir ab. Beim ersten Mal wollte ich es nicht glauben. Wie kann man beim Schwimmen schwitzen!

Ich liege am Beckenrand auf dem Rücken, während die anderen weitertrainieren. Ich spüre, wie meine Adern an der Hüfte unter dem Gummiband meines Badeanzugs pulsieren. Schaue den Mädchen zu, die sich am Beckenrand festhalten und verschnaufen. Auch sie sind schweißüberströmt. Im Grunde sind ihre Körper das einzige, was hier im Schwimmbad vollständig naß ist. Zum Spaß bespritzen sie sich mit dieser Art aufgelöster Gelatine, die die Haut umhüllt, ohne Spuren zu hinterlassen. Mag ja sein, daß die Trainerin nur an das Ausbleiben ihrer Gehaltserhöhung zu denken braucht, und schon ist sie in der Lage, zehntausend Kubikmeter neuromagnetisches Wasser zu erzeugen und vierundzwanzig Mädchen an der Oberfläche zu halten, aber ein bis zum Rand gelbes und braunes Schwimmbecken finde ich ziemlich eklig. Natürlich ist es geruchlos, macht es einen nicht schmutzig, bleiben keine Flecken. In einem gewissen Sinn kommt man nicht einmal damit in

Kontakt, wenn man es recht bedenkt. Aber eklig ist es trotzdem.

Ich habe kein Recht das zu kritisieren, was der Trainerin durch den Kopf geht. Es ist nämlich vielmehr so, daß ich mit diesem letzten Blackout meinen Job verloren habe. Vor einer Woche hat Tom mit mir Schluß gemacht, und innerhalb von sieben Tagen habe ich zwölfmal eine gesamte Gruppe auf den Grund sinken lassen. An sich wäre das nicht schlimm. Manchmal befehlen es uns die Trainerinnen sogar, wenn sie sehen, daß die Mädchen sich nicht anstrengen. Eine Art Erniedrigung. Oder auch ein Scherz. Aber ich bin nur eine Energiequelle, ich werde nicht dafür bezahlt, zu entscheiden, ob und wann lustlose Schwimmerinnen gemaßregelt werden. Nicht auszudenken, wenn so etwas während eines Wettbewerbs passierte! Jetzt bin ich wirklich vollkommen unzuverlässig. Nie werden sie mich bei einem offiziellen Wettbewerb die Neuroenergie liefern lassen. Auch wenn ich ihr sympathisch bin, wird die Trainerin Bericht erstatten müssen. Wenn sie nicht sogar selbst etwas abbekommt. Zum dritten Mal habe ich heute schon einen Fehler gemacht. Zum zwölften Mal in dieser Woche.

Ich ziehe wieder den Bademantel an. Bei der Berührung mit der vom Schwimmen magnetisierten Haut knistert der Stoff, Acrylfunken zischen in der Luft. Ich betrete den Umkleideraum. Die Tropfen des Sprühregens aus der Dusche prasseln schwer wie Schläge auf mich herab, trommeln auf mir herum wie Fingerkuppen. Ich lasse das Wasser auf meinem Fleisch haften. Wie wild strömt es herunter, eilig, breitet sich aus. Begierig gebe ich mich der ihm eigenen Berührung hin, lasse mich von ihm naß machen, verunreinigen.

2. Auf der Straße.

An der Kreuzung blieb das Auto plötzlich stehen, und ein Motorrad fuhr hinten auf.

»Mensch, kannst du nicht auftanken, wenn das Benzin alle ist?« Der Motorradfahrer hatte den Helm abgenommen und ihn auf die Motorhaube geknallt. Die junge Frau am Steuer wartete, bis er sich abreagiert hatte. Sie überprüfte, ob das Kabel richtig am Ohrläppchen befestigt war, nur für alle Fälle. Dabei wußte sie genau, daß sie es korrekt befestigt hatte. Es war ihre Schuld. Irgend etwas lief nicht mehr so wie gewohnt. Die emotive Quelle stockte urplötzlich. Sie sprudelte nicht mehr wie sonst. Bis vor einer Woche hatte sie noch jeden Wagen auf Hochtouren gebracht. Sie brauchte nur das Kabel ans Ohr zu stecken, und schon sauste, flog sie auf der Autobahn dahin. Sobald sie nur an Toms Adresse dachte, fuhr sie mit quietschenden Reifen davon, als würde das Auto nicht auf ein Ziel zufahren, sondern von diesem Ziel aufgesaugt werden.

3. Bei Tom zu Hause.

Ich erwarte ihn im dunkeln. Er öffnet die Eingangstür, kommt herein. Ich versetze ihm mit der Espressokanne einen Hieb auf den Schädel. Schleife ihn ins Bad hinüber. Mir fällt auf, daß ich alles ohne Licht getan habe, ich durchquere die Räume aus dem Gedächtnis. Dann mache ich Licht. Fessle ihn an den Fußgelenken. Lege ihm Handschellen an und kette ihn mit den Armen nach oben an den Rohren des Boilers fest. Dann lasse ich Wasser in die Badewanne laufen. Fülle eine Schüssel mit kaltem Wasser. Schütte es über ihn. Er wacht auf. Blut und Wasser rinnen ihm übers Gesicht. Der Knebel verschließt ihm den Mund. Ich zeige ihm die Plastiktüte mit dem Logo des Kopiergeschäfts. Er windet sich, reckt das Becken nach vorn, geht ins Hohlkreuz, mit schreckgeweiteten Augen. Ich laufe in die Küche und hole das schärfste Messer. Zurück im Bad, ramme ich es ihm in die Brust. Er hat keine Angst, sich verwunden zu lassen. Ich versetze ihm einen Schlag auf die Hoden. Er wird bewußtlos. Ich schütte ihm wieder kaltes Wasser ins Gesicht. Ziehe mir die Bluse aus. Mache die Plastiktüte auf, zerreiße sie. Die luftdicht verpackte Kopie ist wie ein gedörrter Stockfisch. Sie erinnert an eine Zeichentrickfigur, die von einer Dampfwalze überfahren wird. Nur daß die Kopie weder in die Länge noch in die Breite gezogen ist. Sie ist viel kleiner als er. Und vor allem ist sie schrecklich. Ein bleicher kleiner Körper, in Miniaturform. Ein Abbild von Tom, als hätte man ihm eine Spritze direkt in die Haut gestochen und seinem Körper bis aufs letzte Molekül das Wasser entzogen. Die Kopie von Tom, die ich aus der Tüte genommen habe, sieht aus wie ein Seidenpyjama, der in einem Druckkessel bei fünfhundert Grad geschleudert wurde. Der Blick ist leer. Zwischen den eingefallenen Lidern blickt das starre Auge eines Verrückten hervor.

An die Rohre gekettet, starrt Tom das Geschenk an, das er mir zwei Tage vor unserer Trennung, vergangene Woche, gegeben hat. Er führte mich in einen illegalen Copy-Shop und ließ sich von dem dreidimensionalen Kopiergerät vervielfältigen. Der Scanner analysierte ihn von Kopf bis Fuß, axiale neuroemotive Tomographie, vierzig Sekunden lang.

»Ich liebe dich so sehr, daß ich fürchte, diese ganze Liebe gar nicht bei mir behalten zu können«: das sagte er oft zu mir. So Sachen wie zum Beispiel: »Ich glaube, ich könnte zehn Ichs mit meiner Liebe füllen.« Oder auch: »Da ist zuviel Liebe, um sie in einem einzigen Körper verschlossen zu halten, viel zuviel.« Ich hörte ihm zu. Las seine Briefe: »Meine Haut ist ein Käfig für all die Liebe, die darin eingesperrt ist; wahrscheinlich platze ich bald wie ein Luftballon.« Zehn Tage. Erst zehn Tage ist es her, seit er mir das geschrieben hat.

Ich hörte ihm zu, las die Briefe. Schmolz dahin.

Die Kopien haben keine Körperflüssigkeit, sie kommen vollkommen dehydratisiert aus dem Holokopiergerät. Das heißt, es ist Flüssigkeit vorhanden, in den Falten komprimiert, gefriergetrocknet. Die Holokopien geben aufs genaueste den geistigen Zustand und die physischen Gegebenheiten jenes Momentes wieder, in dem sie aufgenommen worden sind. Während er sich kopieren ließ, mußte ich auf Toms Wunsch vor ihm stehen, und er sah mich mit den von Liebe überquellenden Augen an. Und dann, achtundvierzig Stunden später, hat er mit mir Schluß gemacht.

Ich ziehe meinen Rock aus. Die Wanne ist jetzt voll Wasser. Ich tauche Toms Kopie mit den Füßen zuerst ein. Bevor sie das Wasser berührten, schienen es die Füßchen der Mumie eines Neugeborenen zu sein, die man in der Sonne zum Trocknen ausgelegt hat. Der große Zeh dehnt sich wie eine Seifenblase aus. Alle Zehen wachsen, erreichen Normalgröße, es sieht pervers aus, wie sie da an den feinen, schmalen Füßen hängen. Dann schwellen auch die Füße an, eine Art Kochlöffel mit einem Pfannenstiel daran, der sich immer mehr ausdehnt und verbreitert, erst vorne, dann auch auf der Rückseite. Jetzt sieht Toms Kopie aus wie eine Silhouette mit verwischten Konturen, zweidimensional, mit einem Sockel aus lebendigen Füßen. Ich möchte sie umdrehen und sofort den Kopf eintauchen, doch damit würde ich alles verderben. Ein eingeweichter Kopf auf einem beinahe vollständig trockenen Körper ist ein sicherer Kandidat für einen sofortigen Hirnschlag. Ich weiche Toms Kopie weiter in der Wanne ein. Schaue zu, wie sich das verschrumpelte Gewebe ausdehnt und wieder rosig wird. Wie diese Schwämme, die man trocken und in zusammengepreßter Form kauft und die dann zehnmal so groß werden, wenn man sie naß macht. Die Haut von Toms Kopie glättet sich, weitet sich, strafft sich. Die Beine sind zu zwei muskulösen Pfeilern geworden. Die Geschlechtsorgane schwellen an. An den Boiler gefesselt, betrachtet Tom das Genital der Holokopie, durchnäßt und weich wie eine faule Banane. Nun tauche ich die Hände ein. Die Finger blasen sich zu Wurstgröße auf, die Handfläche ist noch trocken. Eine Fleischgabel, die lauter Würstchen aufgespießt hat. Ich lege den Büstenhalter ab und gleich darauf tauche ich die Kopie bis zum Brustkorb ins Wasser. Ihr Körper paßt nicht mehr ganz in die Wanne, ich ziehe ihn ein wenig aus dem Wasser, bis die Knöchel auf dem Beckenrand liegen, damit ich auch den Kopf eintauchen kann. Das Gesicht von Toms Kopie, die das Wasser aufsaugt, sieht aus wie frisch erblüht, oder so, als würde es gerade gähnen, genau, wie ein Gähnen, das nicht an den Konturen der Lippen aufhört, sondern den ganzen Schädel umspannt. Die Augen gewinnen ihre rundliche Form wieder, ich schaue sie an, um den Augenblick abzupassen, in dem man zu spüren glaubt, daß sie einen Blick aussenden.

Jetzt.

Die Augen der Kopie erkennen mich. Ich weiß, daß das, was gleich passiert, nicht sehr angenehm sein wird. Die Selbständigkeit der Kopien dauert vier, fünf Minuten an, danach zerfallen sie. Eben deshalb wurden sie sofort aus dem Verkehr gezogen. Wenige Wochen später hat das Ministerium sie für ungesetzlich erklärt und alle Holokopiergeräte beschlagnahmen lassen. Fast alle.

Normalerweise explodieren die Kopien zu Spritzern aus Blut und Wasser. Andere platzen und schmelzen zu einer Jauchepfütze zusammen. Die Mehrzahl wird bewußtlos, das Herz hört auf zu schlagen, sie sterben einfach so. Eigentlich kann man nicht einmal sagen, sie sterben – sie sind nie geboren worden. Wenn man sie anfeuchtet, kommen sie nicht richtig zu Bewußtsein. Vielmehr führen sie lediglich genau den Geisteszustand weiter, in dem sich das Original befand, als es reproduziert wurde, nichts weiter. Danach verenden die Kopien. Aber es hat welche gegeben, die mit aufgeschlitztem Bauch gestorben sind, klaffenden Wunden, aus denen die Eingeweide hervorquollen. Wie auch immer es ausgehen mag, schön wird es nicht, das weiß ich, aber mir reicht es, wenn ich zwei Minuten mit der Kopie von Tom bumsen kann, in Anwesenheit des leibhaftigen Tom aus Fleisch und Blut, wie er da an den Boiler gekettet ist. Ich will, daß Tom sieht, wie sehr er mich noch vor zehn Tagen geliebt hat, vergangene Woche, als meine Liebe zu ihm mir die Kraft gab, zehntausend Kubikmeter mit Energie zu füllen, und sie meinen Wagen wie einen geölten Blitz hierher zu ihm schießen ließ. Ich will, daß er die Kopie sieht, auf die er seine ganze Liebe übertragen hat, auf die er seine Liebe zu mir abgeschoben hat. Ich will ihm die Kopie seiner Liebe zeigen, die mich zärtlich streichelt und in mir stirbt, so wie seine Liebe zu mir gestorben ist.

Ich stehe nackt vor der Wanne und helfe der Kopie auf, indem ich sie unter den Achseln halte. Tom stöhnt unter dem Knebel. Aus den Augen der Kopie strömt Liebe. Ich streichle sie. Die Kopie nimmt das Messer vom Wannenrand und stößt es mir in den Bauch. Sie schlitzt ihn von der einen Seite zur anderen auf. Ich sehe gerade noch, wie meine Eingeweide hervorquellen und sich in das Wasser in der Wanne ergießen. Die Augen von Tom, der an die Rohre gefesselt ist, die Kopie, die mit dem Messer in der Hand in sich zusammensinkt, das rote Wasser.

Madrigal

ah) Bevor ihm eine Operation am Kehlkopf das Wort aus dem Mund nahm, sagte Attilio immer, ich sei der Sohn einer Gehaltserhöhung. Was weißt du schon, du bist ja nur der Sohn einer Gehaltserhöhung. Ich bin der Sohn einer nagelneuen Waschmaschine der Firma Rex, die unter zahllosen Flüchen von zwei Trägern die Treppe heraufgeschleppt wurde.

beh) Oktober 1962 nach Christus. Die Waschmaschine der Firma Rex mit oben angebrachter Ladeluke und Inox-Stahltrommel läuft, dem Wirtschaftswunder sei Dank, auf Hochtouren und spült zum ersten Mal die schmutzige Familienwäsche. Die Schleuderkraft ist mit der Produktionseuphorie der Nation durch eine Steckdose in der Wand direkt verbunden. Ein elektrisches Erdbeben wütet im Bad, der Boden wird von einem unerhörten Bodenbeben erschüttert.

ceh) Im Oktober des Jahres 1962 nach Christus plaziert Attilio die nagelneue Waschmaschine neben der Badewanne. Ganz was andres als die Waschmaschinen mit Bullauge aus Plexiglas. Doch darf man sich den Blick nicht trüben lassen, mein Fruchtwasser ist nicht zu verwechseln mit dem Feinwaschmittel für Einzelteile bei siebenunddreißig Grad. Niemals hätte ich der Sohn einer normalen Waschmaschine mit Plexiglas-Bullauge werden können. Die mit dem runden, bulläugigen Türchen, das waren flauschige, ultraleise Waschmaschinen: zur Lustbefriedigung der Reichen, alles was man brauchte, um den Schwägerinnen bei der Teestunde eins auszuwischen. Die Waschmaschine der Firma Rex, von oben zu beladen, die war nicht so. Eine blinde Schachtel, schlichtes Design, vier Kanten, hastig mit dem Lineal aufs Millimeterpapier gekritzelt, von einem technischen Zeichner, einem Angestellten der preisgekrönten Firma Rex & Co.

deh) Oktober 1962. Attilio blätterte die Bedienungsanleitung von vorn bis hinten durch, bis er es satt hatte und ein wenig auf den Tasten herumdrückte, worauf sich die Waschmaschine in Bewegung setzte. Ich vergleiche sie ganz bewußt mit den Zeichnungen heidnischer Altäre in der *Rätselwoche*, denn Attilio hat (sagt er mit eigenen Worten) Attilio hat meine Mutter da hinauf gehievt, so nackt wie Gott sie schuf. Attilio hat sich ins Zeug gelegt, während meine Mutter die Waschmaschine der Firma Rex wie einen mechanischen Stier beim Rodeo bestiegen hat.

eh) In der Waschmaschine sind: eine Bluse, ein Rock, ein Schlüpfer und ein Büstenhalter. Auf der Waschmaschine ist: der Rest von meiner Mutter.

eff) Schlimmer Fehler, bedingt durch Mangel an Erfahrung, Leinenblusen stopft man eben nicht in die Waschmaschine, die kommen ganz zerknittert und zerknüllt aus der Schleuder. Und auch meine (nimm es dir doch nicht immer so zu Herzen) auch meine Mutter steigt ganz zerknittert und zerknüllt vom Schleudern herunter. Das hat mir Attilio immer erzählt, damit ich still wäre und das Leben ganz nüchtern sähe. Nie hat Attilio die himmlischen Heerscharen bemüht, nie hat er Störche mit dem Bündel im Schnabel herbeizitiert, oder Engelchen, die den Bauch der Mama mit dem goldenen Schlüsselchen aufmachen. Wenn ich ihn mit fünf Jahren um Erleuchtung ob meiner Empfängnis bat, blickte Attilio sich um, hielt nach einem Tisch Ausschau, einem Mäuerchen, einer Bank, ging rasch darauf zu und hockte sich darauf, um höchstselbst die Position meiner (stell dir einfach vor, es wäre eine Folge ganz normaler Wörter) Mutter nachzuahmen, wie sie mit den Unterarmen und den Schienbeinen die Kanten der Waschmaschine der Firma Rex umklammert hielt, mit dem Bauch in die Höhe, und mit Backen, die auf der Klappe schwabbeln, während die Waschmaschine im Schleudergang trabt und galoppiert.

geh) Seit Oktober 1962 mußte meine Mutter nicht mehr eigenhändig die ehelichen Laken im Waschtrog scheuern, und nicht einmal Attilio mußte mehr die Hüften auf ihr scheuern, wenn er die Ehe mit ihr vollzog. Nur noch das Elektrizitätswerk mußte sich von dem Augenblick an anstrengen. Ein paar Kilowatt genügten, um Attilios Rohr in Spannung und Erregung zu versetzen. Zwei Minuten Schleuder, und Attilios Rohr liefert sich dem Nervenkitzel aus, befreit Millionen von Geiseln aus seinem Samenbläschen.

hah) Und mitten unter ihnen bin auch ich, verteile Peitschenhiebe und schwänzle wie ein Verrückter dahin, ich bin ein Luftballon, der einem Kind auf dem Rummelplatz entglitten ist, Millionen von Kindern auf dem Rummelplatz sind wir, ein Meer aus identischen Zwillingsbrüderchen und -schwesterchen, abgesehen von der Form unserer Zehennägel und anderer lebenswichtiger Kleinigkeiten.

Mit unseren Pupillen, so winzig wie Stecknadelköpfe, schauen wir nach oben. Unsere Augen haben alle erdenklichen Farben, erbliche Regenbogenhäute, Mendelsche Regenbögen, wir fixieren den Schwarm aus Ballons, der da abhebt, sich von der kleinen Schimmelwiese auf unseren winzigen Unterarmen löst. Einer der Ballons steigt höher als alle anderen und verschwindet am Himmel, das bin ich, lebt wohl, ihr Brüderchen und Schwesterchen, lebt wohl, gleich stoße ich mit dem Kopf gegen den Mond.

ieh) Trotz Attilios Angebereien verdanke ich meine befleckte Empfängnis der Tatsache, daß Attilio zu der riesengroßen Brut derer gehört, die Väter sind, weil sie nicht imstande sind zu denken.

jott) Attilio denkt nicht, er zeugt.

kah) Jeder Gedanke Attilios wird auf der Stelle zum Spermatozoon, in seinen Hoden bilden sich so viele Spermatozoen wie Gedanken vorhanden sind.

ell) Brrr, was für eine Kälte, schwupp, ein bibberndes Spermatozoon, das kurzwellig und mit hoher Frequenz den Schweif schlägt. Ich habe keine Lust, mir die Zähne zu putzen, schwupp, ein kariöses Spermatozoon, in das sich der Schwanz bohrt. Diese Nudeln schmecken gräßlich, schwupp, ein verkochtes Spaghettozoon. Im Nacken nicht zu kurz, wenn's geht, schwupp, ein verstümmeltes Spermatozoon, kahlrasiert. Tippe ich auf Sieg oder Unentschieden? Schwupp, ein zweischweifiges Spermatozoon, beim Tauziehen mit sich selbst. Morgen ist der letzte Tag, um die Rechnung zu bezahlen, denk daran, schwupp, ein Spermatozoon mit einem Knoten im Schwanz. Ich begreif das nicht, schwupp ein Spermatozoon mit einem ganz verwickelten Schweif. Das brauchst du gar nicht zu desinfizieren, erst mußt du mir den Splitter rausholen, schwupp, ein Spermatozoon mit einem Schweif, der über ihm selbst aufragt und dessen Spitze auf seinen Kopf gerichtet ist, wie ein Skorpion, der Selbstmord begeht.

emm) Was für ein Gedanke bin ich? Was hat Attilio gedacht, als er mich gezeugt hat? Was hat Attilio gezeugt, anstatt mich ein für alle Mal auszudenken und damit basta?

enn) Doch jetzt sagen mir diese Fragen nichts mehr, wollen diese Fragen nichts mehr von mir. Ein Sohn kommt auf die Welt, wenn die Welt zu schwer geworden ist, um sich selbst zu ertragen, mehr gibt es dazu nicht zu sagen, ein Sohn kommt auf die Welt, wenn die Welt zu voll ist, um ganz bei sich zu bleiben.

oh) Die Welt ist viel zu kompakt und verdichtet, die Welt ist ein Schädel, der von Kopfschmerzen zermalmt wird.

peh) Sobald sie kann, fließt die Welt über und verschafft sich Raum in einem Sohn, der aus diesem Anlaß im Handumdrehen fabriziert wird, und macht sich voller Eifer daran, jeden Winkel seines Körpers und seiner Natur auszuloten. Der Druck, den die Welt auf sich selbst ausübte, läßt ein wenig nach und pendelt sich auf einem annehmbaren Niveau ein. Einem vorübergehend annehmbaren. Seit es die Welt gibt, gelingt es ihr nicht mehr, zu implodieren, ständig erfindet sie Myriaden von Ablaßventilen und Dekompressionskammern, erfindet sie Myriaden von Söhnen und Töchtern, die von ihr ausgelotet werden und für ihre Implosion herhalten müssen.

kuh) Wenn wir uns weiterhin mit gutem Recht als Söhne bezeichnen, so tun wir dies, weil wir den Druck der Welt voll abbekommen, der sich wie im Dampfkochtopf entlädt. Uns weht der Furz einer Welt ins Gesicht, die uns ihre mißgünstigen Geister entgegenbläst und uns die Seele vergiftet. Über uns schwappt also ein Eimer voll Rasierschaum, Grappa, Teer, Bleichmittel, Kaffee, Kräutertee, Lack, Essig, Veilchenöl, Terpentinöl, Senfsoße, Kölnisch Wasser, Melissengeist, Mineralwasser, Muttermilch, Kuhmilch, Freundinnenspeichel, Flüssigseife, Bananenshake, bleifreies Benzin, Quecksilber, Yoghurt, Uhu, Sekt und Ammoniak, alles zu gleichen Teilen zusammengemischt, dort vor uns in dem Eimer, der dann direkt über uns ausgekippt wird, während wir nackt dastehen, mit weit aufgerissenen Augen und Mund, vor lauter Staunen, auf der Welt zu sein.

err) Es ist also nicht richtig, nein, sich immer über die ganze Kacke aufzuregen, die uns die Welt entgegenschleudert, oh nein, Jammern verboten, ist nicht drin, nur mit Klagen macht man es sich zu einfach, aber es ist auch nicht in Ordnung, von morgens bis abends Luftsprünge zu machen vor lauter Freude über die Wohlgerüche, die uns die Welt ins Gesicht haucht. Da braucht man sich gar nicht so aufzuspielen: die Welt ist gut und schlecht zugleich, seien wir ehrlich, sie gibt uns Gutes und Schlechtes, Verkommenes und Frisches, sie schenkt uns den grausam stinkenden Gorgonzola und den herrlich duftenden Nagellackentferner, die eitrige Mayonnaise und das Mundwasser gegen übelriechenden Zahnbelag, mischt alles in ihrem unparteiischen, unvoreingenommenen Eimer.

ess) Wenn die Welt uns bis in die hinterste Ecke ausgelotet hat, bis ins letzte Loch, in die hinterste Spalte, und uns so viel wie möglich mit sich selbst vollgestopft hat, von dem Moment an nennen wir uns nicht mehr Söhne, denn wir haben unsere Funktion als Auslaßventil der Welt erfüllt, welche uns definitiv ihren Kopfschmerzen einverleibt hat.

teh) Die Waschmaschine der Firma Rex und ihre Schleuder waren auch entscheidend bei meinem Kampf gegen das Stottern. Im Alter von sieben Jahren kämpfte ich gegen das Stottern an, indem ich auf dem Fußboden des Badezimmers saß; die Arme hatte ich um die Knie geschlungen, mit dem Rücken lehnte ich seitlich an der alten Waschmaschine. Zusammengekauert, auf Tuchfühlung mit dem ganz abgeblätterten und rostfleckigen weißen Email, wartete ich darauf, daß der Spülvorgang im Paroxysmus des Schleuderns gipfelte. In acht Jahren unentwegter Betriebsamkeit hatte sich jedwede dämpfende Feder völlig abgenutzt, wenn es denn je eine gegeben hatte, und die Schleuder klang nun, soweit das überhaupt noch möglich war, immer ausgeleierter und scheppernder. Daher also versetzte mir die Waschmaschine heftige Schläge auf den Buckel, eine Art seitenverkehrtes *Mea culpa*. Die Waschmaschine der Firma Rex trommelte mir nämlich ein *Tua culpa* von unvorstellbarer Intensität auf den Rücken, wenn man bedenkt, wie zart mein Rückgrat und meine Knöchlein waren. Diese gleichmäßigen Feinblechhiebe skandierten einen unerbittlichen, konstanten Rhythmus, der vorzüglich geeignet war für meine erzieherischen Zwecke in dem systematischen Guerillakrieg gegen mein Stottern.

uh) November 1970. Ich schleudere einen beliebigen Vokal aus dem Körper, und die mechanischen Schläge der Waschmaschine auf meinen Rücken rütteln und schütteln mein Gewinsel durcheinander. Ich stoße einen langen Vokal aus, halte ihn, bis mir die Luft ausgeht, und währenddessen wirken die Fausthiebe der Waschmaschine auf meine Rippen ein, erschüttern sie wie einen Resonanzkörper, so daß zum Beispiel mein »oooooooooooo« in eine Reihe von »uo uo uo uo uo uo uo uo uo uo uo uo uo« verwandelt wird, aber auch ein einfaches »aaaaaaaaaaaa« wird zu einem »ea ea ea ea ea ea ea ea ea ea ea ea«, ein »eeeeeeeeeeee« zu einem »je je je je je je je je je je je je je«, ein »iiiiiiiiiii« zu einem »ui ui ui ui ui ui ui ui ui ui ui ui ui« und so weiter. Das unerbittliche Gerüttel der Schleuder ordnet jeden meiner faserigen Vokale, mein verzerrtes Blöken zu einem Geprassel aus Protosilben, die sich niemals von selbst meiner Kehle entrungen hätten.

vau) Winter 1970/71. Wochen, ja Monate habe ich im Schatten der Waschmaschine geübt und bahne mir nun einen Weg zum geheimnisvollen Gesetz der Sutur zwischen den Vokalen. Anscheinend perlen die Silben bei anderen wie an einer Schnur von der Kehle zur Zunge, wie ein durchsichtiges Bächlein, das über ein flach gewelltes Kiesbett plätschert. Für mich blieb all dies viel zu lange das Trugbild eines irdischen Paradieses, dessen Zugang mir die Sprache hartnäckig verweigerte.

weh) Zwischen einem Vokal und dem nächsten türmen sich die schier unüberwindlichen Konsonantenmauern auf. Jeeedeer Vookaaal räääkeelt siich faaauul wiiee eeine blüühende Taaalsoohle iin Hööhee dees Meeeereesspiieegeels, wwährrennd ihnn einn sstteill emmpporrraggennd der Kkonnnsssonnanntteggipppffel ausss stturmmummttossstten Fffellsvorsprrüngen unnd schschrecklich rrruttschigen Übberhängen vvom Vokkkall dder ffolgenden Ssilbbe ttrennt. Die Fausthiebe der Waschmaschine zwingen mich, scheinbare Konsonanten auszuspucken. Dank des stählernen Willens der Blechwand und der eisernen Entschlossenheit meines Geistes ähneln meine Hickser von ehedem allmählich richtigen Konsonanten.

iks) Zunächst übte ich endlose Serien simpler, einzelliger Wörter: »Ma ma ma ma ma ma ma«. Dann wandte ich mich zweisilbigen Wörtern zu, die mit zarten, nachgiebigen Konsonanten durchmischt waren: »Ma gie Ma gie Ma gie«, bis es mir schließlich, mittels harter Stöße, gelang, komplexe Wörter zusammenzusetzen, die ich in einem Tagebuch ohne nähere Angaben auflistete: »Man sar de Man sar de Man sar de«, »Ma dri gal Ma dri gal Ma dri gal«.

üpsilon) Die Schleuder erfüllte zwei gegensätzliche Aufgaben, sie zerbröselte meiner Mutter die Wörter im Mund, um sie dann in meinem wieder zusammenzukleistern. Jedesmal, wenn sie mit Attilio die Ehe vollzog, gab meine Mutter Wortfetzen von sich, die unsere Waschmaschine der Firma Rex mit ihren Hüpfern zerstückelte: »Rau sda a tti lio spri tzmir den bau chvo lla tti lio ja spri tzmi chvoll!« Heimlich belauschte ich sie, und als ich an der Reihe war, kauerte ich mich in völliger Einsamkeit seitlich an die Waschmaschine und klaubte die zerhackten Worthülsen meiner Mutter auf. Immer dieselben zerbrochenen Zärtlichkeiten, immer dasselbe Liebesritornell, das entzwei gegangen war, ich nahm es vom Badezimmerboden auf und flickte es in meinem Mund mit Hilfe der Schleuder wieder zusammen, »Bra voa tti lio rau sda spri tzihr den bau chvo llja so ge nau!« sagte ich zu mir und restaurierte das Japsen meiner Mutter.

zett) Diese freundliche Meditation über meine Herkunft war besonders geeignet, meine Identität zu festigen und sowohl meine Muttersprache als auch meine Vaterzunge zu konsolidieren.

üpsilon) Obwohl ich mich dieser stählernen Disziplin freiwillig unterzog, tat ich es sicherlich nicht, um bei meiner Lehrerin Eindruck zu schinden. Aus der Distanz von fünfundzwanzig Jahren sage ich: Donatella Fornasièr, meine dabei aber: eine archetypische Karikatur, die genau das ist, was von all den Lehrerinnen und Konsorten bleibt, nachdem fünfundzwanzig Jahre mit einem gelegentlichen Gedanken an sie vergangen sind.

iks) Genau in diesem Augenblick, haargenau jetzt habe ich mit diesem Gewusel aus Details zu tun, die das wahre Leben sind, doch kaum drehe ich mich um, reduziert sich dieses Gewirr aus Einzelheiten auf drei oder vier Stellvertreter, die im Gänsemarsch hinter mir herdackeln. Ich drehe mich unerwartet um, weil ich sie überraschen will, aber da tun sie so, als ob nichts wäre, schauen in die Runde und pfeifen mir zerstreut hinter meinem Rücken ins Gesicht. Wenn ich zufällig einmal einen Gedanken an die Fornasièr richte, so denke ich dabei offensichtlich nicht an das leibhaftige Fräulein Lehrerin Donatella Fornasièr in Fleisch und Blut, sondern an eine Stellvertreterin, eine archetypische Karikatur. Donatella Fornasièr, geboren in Martellago oder Scalcagnago, Cazzago oder Sbrodoligno, ich weiß es nicht mehr, hervorgekrochen aus irgendeiner der lächelnden Städtchen aus einer der grinsenden Provinzen der zähnefletschenden Region Venetien.

weh) Ein Glück, daß diese Figuren aus dem Vorprogramm des Lebens ab und zu gedanklich lebendig werden, aber nur so lange, um schnell ihre Dreigroschenkomödie aufzuführen und dann wieder zu verschwinden. Sobald man sie mit dem Gedanken herbeiruft, errichten sie hurtig ihr Papptheater und wiederholen zum hundertsten Mal dieselbe Geste, zum Glück aber eben nur so lange wie nötig, keine Sekunde länger, der Gedanke hat sie engagiert, damit sie ihr Dreigroschenstück aufführen, keine einzige Lira mehr.

vau) Ich muß es wirklich in aller Deutlichkeit sagen, ich übte damals nicht mit der Schleuder, um mich vor ihren sinnentleerten, süßlich blickenden Augen zu produzieren. Diese ranzige alte Jungfer, diese langweilige unberührte Hure, die ihre gescheiterte Existenz dazu benutzte, mir moralische Qualen wegen meines Stotterns aufzuerlegen. Nein, nein, schon vom ersten Oktober der ersten Klasse an blieb mir der Mund offen stehen, wenn ich zusah, wie die Kreide auf der Schiefertafel Funken schlug, und ich war mir absolut im klaren, daß ich von diesem Tag an den Gipfel der Sprache nur dann erklimmen würde, wenn ich das Pferd von hinten aufzäumte, und das meine ich genauso, wie ich es sage.

uh) Wenn ich mich weigerte, eine Reihe von Wörtern in den Mund zu nehmen und sie wie einen seelischen Erguß aus meinem Pneumothorax auszustoßen, wenn ich mir also auch weiterhin das Rückgrat bearbeiten ließ, um, von der Waschmaschine hin und her geschüttelt, wie ein Preßlufthammer loszuprusten, so tat ich es, ja, all dies, um meine erste Liebeserklärung einzuüben.

teh) März 1971, Samstag vormittag. Der Lehrer der 2f, Ennio Scanferlato, erwartet uns im Musiksaal neben dem Pianola. Scanferlato hat seiner Klasse, der 2f, bereits die Noten für das Solo der Fliege und das Fliegenpapier ausgeteilt. Als wir von der 2h hereinkommen, teilt er auch das Sumpfrattensolo und die Mausefalle aus, das Steinmardersolo und das Fangeisen. Die Fornasièr kommt als letzte herein, stellt sich auf Zehenspitzen hin, so daß ihre Absätze in der Luft sind, und haucht ihm etwas ins Ohr. Scanferlato wird dunkelrot, setzt sich ans Pianola und stimmt anstelle von *Old MacDonald had a farm* überraschenderweise die italienische Nationalhymne an.

ess) Scanferlato spielt zwei Takte der Hymne und jazzt dann die *Fratelli d'Italia* nach eigenem Gusto weiter. Nach drei Akkorden tummelt er sich schon bei den metrischen Eingangstakten der ersten Verse, swingt die Überleitung zwischen den Strophen. Maestro Scanferlato! Ihr hämmert da auf dem ruinösen didaktischen Überbleibsel herum, als wäre es ein Bösendorfer oder ein Steinway! Während die Fornasièr den Chor mit ihrem Stab dirigiert, müßte Scanferlato uns mit geschlossenem Mund vom »Denn zur Sklavin Roms Gott selbst den Sieg erschuf« zum »Vereint in Kohorten, ersehnen wir den Tod« führen. Während des Zwischenspiels hätten wir also still sein müssen, aber Scanferlato kann sich nicht beherrschen und läßt uns die bekannten Übergangsverse »Ratatam, ratatam, seht die häßliche Madam!« singen. Wie erstarrt hält die Fornasièr bei Scanferlatos Ratatams mit ihrem Stöckchen inne, ein Blitzableiter, den ein falsches Vorzeichen getroffen hat.

err) Diese Hymnen und Märsche haben alle ihre Zwischenspiele, die viel gepfefferter sind als die offiziellen

Strophen. Die Zwischenspiele brauchen lediglich versifiziert und dann ihrerseits gesungen zu werden. Man kann sogar sagen, daß diese Art von Hymnen nur zu dem Zweck komponiert wurde, den kleinen Schuljungen aller Zeiten etwas an die Hand zu geben, das sie zu fröhlichem Singen veranlaßt.

kuh) Andererseits hatte Goffredo Mameli bekanntlich ja selbst für eine derartige Entwicklung gesorgt. Der alte Goffredo hätte bestimmt keine republikanische Majestätsbeleidigung darin gesehen, Goffredo Mameli schrieb die Hymne von Mameli nur deshalb, um den kleinen Schuljungen aller Zeiten zu gestatten, sich in den anarchistischen Winkeln seiner Hymne ein wenig auszutoben. Und genau dieses Stirnrunzeln hatte Goffredo Mameli aufgesetzt, als die Nationalhymne das Licht der Welt erblickte. An jenem denkwürdigen Nachmittag stand Mameli in bärtiger Risorgimento-Pose neben dem Maestro Novaro, der sich am Klavier aufgebaut hatte. Maestro Novaro war mit dem Bleistift zugange, verteilte Achtel und Zweiunddreißigstel auf die Verse Goffredo Mamelis, bis der Moment kam, in dem man Anlauf nehmen und aus dem Stand vom »Selbst den Sieg erschuf« zum »Vereint in Kohorten« springen mußte. Maestro Novaro wollte die erforderliche Brücke aus Undeins-und-zweis zwischen den Strophen so kurz wie möglich halten, er wollte die Strophen dicht aneinanderkleben. »Oh nein! Oh nein! Hier müßt Ihr einen schönen Übergang machen, damit man ›ratatam, ratatam, seht die häßliche Madam‹ singen kann!« Urplötzlich klappte der Klavierdeckel auf die spindelförmigen Fingerglieder des Maestros. »Aber hier steht nichts von einer häßlichen Madam!« protestierte Maestro Novaro, und mit der wie ein Stummel im Ärmel versteckten Faust deutete er auf die mamelischen

Verse auf dem Notenpapier. »Vergeßt, was da steht und was da nicht steht, denkt einzig und allein an die häßliche Madam!« Und so kam es, daß am Ende jener aufschlußreichen hymnischen Sitzung Goffredo Mameli und der Maestro Novaro sich fröhlich auf die Schulter hauten und aus voller baritonaler Kehle »Ratatam, ratatam, seht die häßliche Madam!« grölten. Sie hatten die Arme über die Schulter des andern gelegt und schwangen die beiden rechten Beine nach links, hopp!, und dann die beiden linken Beine nach rechts, hopp! Wie zwei bärtige Chansonetten trippelten sie zum Rhythmus von »Ratatam, ratatam, seht die häßliche Madam!« hin und her, verneigten sich voreinander und gratulierten sich gegenseitig, weil sie ganz Italien die Nationalhymne geschenkt hatten, die dieses Land seit je ersehnt und auch verdient hatte.

peh) Vor fünf Monaten ist die Fornasièr auf die Idee mit den Gesangsstunden gekommen und hat eine reguläre schriftliche Eingabe beim Rektor gemacht und auch die formelle temporäre Erlaubnis erhalten, die Klassen 2f und 2h jeden Samstag vormittag im Musiksaal zusammenzuführen, und all das hat sie getan, um den Musiklehrer einzuwickeln, um ihm Honigtröpfchen ins Ohr zu träufeln.

oh) Als Scanferlato ein Liedchen anstimmt, das nicht auf dem Programm steht, tritt die Fornasièr an sein Ohr heran und säuselt, schnäbelt, turtelt und tirilliert ihm eins. »Die Wasser des Piave murmeln«, raunt sie ihm in die Muschel. Die Fornasièr würde sich liebend gern über den Lehrplan hinwegsetzen, den der Rektor für unsere musikalische Erziehung aufgestellt hat, aber sie darf sich die Gelegenheit nicht entgehen lassen, etwas in Scanferlatos Gehörgang zu wispern, ihm in die Trompete zu tröten, sich ihm ans Ohrläppchen zu hängen wie ein Ohrring mit federbestücktem Gewispel. Die Fornasièr hält ihm die samtene Kehle hin, träufelt ihm eine murmelnde Piavemousse ins Ohr. Glacierte Maronenschauder rinnen den Körper des Musiklehrers hinab, der sich jedoch augenblicklich den Gehörgang säubert, sein kleiner Finger verschwindet bis zur Hälfte darin, er pult mit allen fünf Fingernägeln in der Muschel, kneift hinein und zieht am Läppchen, wie wenn er sich in dem Moment an den eigenen Geburtstag erinnerte, und er sich selbst gratulieren würde. Erschrocken blickt die Fornasier ihn an. Scanferlato setzt mit dem Marsch ein.

enn) »Italiens Trikolore war stets die allerschönste Zier«, flüstert die Fornasièr Scanferlato zu. Begeistert stimmen alle ein, nur ich nicht, weil ich an der ersten Silbe hängenbleibe, fast der ganze Chor stürzt sich also in den Rap des Ritornells von »I-taa-ljens Tri-ko-lo-ho-re«. Scanferlato schwingt sich an die Spitze des Galopps bei »ja wir wollen nur die Freiheit, ist sie doch das höchste Gut«, alle außer mir steuern mit gesenktem Kopf auf diesen Zungenbrecher, dieses Rossinische Concertato zu, wiederholen zwei, vier, acht, sechzehn, zweiunddreißig Mal »das höchste Gut! das höchste Gut!« mit jener nicht enden wollenden Coda aus Finalakkorden, Fugati, Operntamtam, virtuosem Gewirbel, Blaskapellengetöse und tosendem A-Cappella-Gebläse, obwohl wir beim dritten »das höchste Gut« schon nicht mehr mithalten können, denn Ennio Scanferlato saust und flitzt und gleitet auf den Tasten hin und her, in einem ewigen Vor und Zurück aus Halbfinali, Semikadenzen, Sub-Epilogen, Trugschlüssen, und am Ende erhebt er sich vom Pianola mit plötzlich kahlem Schädel, während das Haupthaar seitlich von der Schläfe herabbaumelt, wie eine Markise auf einer Terrasse.

emm) Es wäre zu einfach, wenn man sagte, die Fornasièr würde sich an mir abreagieren, weil sie bei Maestro Scanferlato nicht landen konnte. Ich wäre ein Lump, wenn ich an diesem Märchen festhielte, wenn ich wirklich andere überzeugen wollte, daß sich die Fornasièr nach der Singstunde am Samstagvormittag noch ein klitzekleines bißchen mehr als sonst über mein Stottern lustig machte.

ell) Man hält es ja auch nicht mehr aus, wenn einem diese erbärmlichen Kindheitsgeschichten voller Sticheleien präsentiert werden. Wir haben schon gegeben, haben schon zugehört, uns reicht's jetzt. Man darf die Zurschaustellung jener Medaillen aus Stanniolpapier einfach nicht mehr dulden, jene direkt auf die blutende Kinderbrust gehefteten Plaketten, ganz von all den verrosteten Sicherheitsnadeln durchlöchert, die man uns von drei bis dreizehn in die Brustwarzen gestochen hat.

kah) Daher brächte ich die Hühner zum Lachen, wollte ich behaupten, daß die Fornasièr, in einem Anfall hysterischer Rachsucht, der von ihrem ungestillten Gefühlsdurst herrührt, mich am Samstagvormittag wegen meiner Stotterei vor der ganzen Klasse besonders gern bloßstellte. Nein, am Samstagvormittag läßt sie mich in Ruhe, kein Zweifel, das will ich gerne zugeben, am Samstagvormittag knöpft sich die Fornasièr jemand anderen vor: Margherita Mardegàn.

jott) Von Montag bis Samstag, jeden Morgen, gibt sich Margherita Mardegàn allergrößte Mühe. Sie setzt sich in die erste Bankreihe und stiert nach vorn, mit ihrer Karikatur von einem Brillengestell, so groß wie ein Geländer, und den zwei Fensterscheiben, die ihr die Augen vergrößern und das Gesicht verkleinern, ihr Lemurenfrätzchen. Am

Samstagvormittag hat sie ihre flimmernde Pupille nicht mehr unter Kontrolle, schon beim bloßen Gedanken an die Tafel fangen ihre Augen an zu tanzen. Sie schielt nach außen, und dieses Schielen ist Margheritas Rettung. Die Brille möchte den Blick aus dem Tunnel saugen und ihn nach vorn schieben, bis er auf das fanatische Gesicht des Fräulein Lehrerin Fornasièr trifft, doch Margheritas Pupillen entgleisen und gleiten weiß Gott wohin, über das Pult und die Tafel hinaus, über den Horizont der Landkarte an der Wand, dorthin, wo sich die parallelen Geraden verheddern und die Regenbogen auf die Erde genagelt werden, und das nervöse Zwinkern von Margheritas Augen blinzelt dem Unendlichen in Person zu. Von Montag bis Samstag setzt sich Margherita Mardegàn in die erste Bankreihe und kann nicht stillsitzen, unablässig setzt sie sich in Positur, aber sie ist nie richtig positioniert, sie kann sich nicht kontrollieren, und auch die Grundbedürfnisse in einer Grundschule nicht, jetzt zum Beispiel solltest du dir die Nase putzen, Margherita, schau, da kommen ja schon gallertartige Tropfen heraus.

ieh) April 1971, Samstag vormittag. Nach der Singstunde schimpft Donatella Fornasièr mit Margherita Mardegàn, sagt ihr erst im Guten und dann im Bösen, sie solle sich anständig hinsetzen und endlich einmal die Nase putzen, ekelhaft. Margherita erschrickt bis ins Mark, pinkelt sich auf dem Stuhl voll, bei dem Gezeter der Lehrerin verliert sie völlig den Kopf und schneuzt sich in den Schürzenzipfel, der sich mit Pipi vollgesogen hat.

hah) Vor allem mußte ich mit dem komplizierten Silbengewirr von Margherita Mardegàns Namen zu Rande kommen, um ihr meine Liebe zu gestehen. Aus diesem Grund übte ich wochenlang ganz für mich allein, meine Liebeserklärung mit Hilfe des Waschmaschinengetrommels auf meinem Rücken in einem einzigen Hagelschauer hervorzustoßen.

geh) April 1971, Montag morgen, Pause. Nach einem gänzlich den Übungen an der Schleuder gewidmeten Wochenende rufe ich Margherita Mardegàn zwecks Liebeserklärung zu mir. Ein Anfall von Schüchternheit lähmt mich auf dem Schulhof, ich habe nicht mehr den Mut, sie mit dem Lasso meiner Zärtlichkeit einzufangen, was ist denn nur los mit mir, plötzlich bringe ich es nicht über mich, sie sanft an der Leine meiner Leidenschaft fortzuführen. Daher bugsiere ich sie mit Püffen unter die Treppe im hinteren Vestibül, und im Angesicht ihrer Riesenbrille, dort im Schatten der Treppe, presse ich den Rücken so rasch und fest ich kann gegen die Heizungsrohre an der Wand, hefte die Fäuste auf meine Schläfen und kneife die Lider zu, um aus mir selbst die höchste Konzentration hervorzustoßen, und in einem einzigen Atemzug sage ich laut zu ihr: »Ma rghe ri ta ma rde ga ni chden ke in di chhi nei ni chko mme bi szu dei ne nna se nlö chern.« Pünktlich ertönt das wilde Klingelzeichen zum Ende der Pause, und sie läuft weg, die Treppe hinauf. Ich bleibe stehen, beiße mir auf die Zunge, weniger um sie zu zerstückeln und ihr ein für allemal klar zu machen, daß sie nicht mit den Wörtern das anstellen soll, was sie selbst auch nicht erleiden möchte, als vielmehr, um die poetische Freiheit mit den Nasenlöchern zu sühnen, und mit einem stotternden Fluch verfluche ich meine verdammte Manie, immer gleich alles zu übertreiben.

eff) April 1971, der Tag danach, Dienstag morgen. Margherita grüßt mich nicht mehr. Dies ist der Moment, in dem Ida Bón ihren Auftritt hat, meine Alliierte aufgrund ihres flüssig von den Lippen gleitenden Namens. Sie wird nun die erste Bankreihe erkunden und dann in die vierte Bank zurückkehren, um mir unter die Nase zu reiben, wie es um Margheritas Gefühle steht. Am nächsten Morgen wird mir auch ohne Ida etwas unter die Nase gerieben. Auf der Ablage unter der Tischplatte finde ich einen geblümten rosa Stoffetzen, Margheritas Taschentuch, das sie für mich eingeweiht hat: drei kleine grünliche Brösel kleben an den Blütenblättern der aufgedruckten Stickerei.

eh) Während der Pause; diesmal fixiere ich Margherita Mardegàn auf der anderen Seite des Vestibüls, weder von nahem, noch von weitem, ich stelle mich auf den einzigen Fleck, den ihr irrlichternder Blick anvisieren kann. Ich starre auf die mitleiderregenden elefantösen Linsen und küsse ihr schmutziges Taschentuch von einer Seite zur andern.

deh) Tags darauf passe ich sie auf dem Flur ab, während sie allein auf die Toilette geht, und gebe ihr das Taschentüchlein zurück, das ich mit meiner Liebe gewaschen und mit meinen Küssen gebügelt habe. Dafür, daß die kleinen Bröselchen vom Stoff gelöst und im Abwasser aller Welt zersetzt wurden, hat die Waschmaschine der Firma Rex gesorgt, aber wenn es nach mir gegangen wäre, hätte ich den Kopf in ihr Taschentuch gesteckt, hätte in dem schmutzigen Stoffbündel gewühlt, hätte das aufgedruckte Stickmuster abgeweidet und die grünlichen Bröckchen abgeknabbert, um sie in meinem Speichel aufzuweichen, hätte vor ihren Augen daran gesaugt, bis meine Wangen ganz hohl gewesen wären, damit du keinen Zweifel mehr hättest, o du autistische Liebe, salziger Geschmack, Geschmack der Margherita Mardegàn.

ceh) Heute weiß ich: hätte ich damals etwas derartiges getan, wäre die Welt in die Luft geflogen, wäre sie womöglich in meinem Kopf drin explodiert, wenn ich all das, was mir die Welt in den Kopf gesetzt hatte, bis zum Schluß ausgeführt hätte. Und tatsächlich wäre an jenem Morgen die Welt beinahe in meinem und in Margherita Mardegàns Kopf in die Luft geflogen – hätte ich nur vor ihren Augen an ihrem Stofftaschentuch gesaugt.

beh) So wie man die Gedenktage der Atomkrisen begeht, die unsere Welt beinahe zum sofortigen Zerbröseln gebracht hätten, so müßte man auch jenen Morgen feiern, an dem ich drauf und dran war, den Stoff des schmutzigen Taschentuchs, ein Geschenk von Margherita Mardegàn, abzulecken, und im letzten Moment, anstatt mir ihre getrockneten Bröselchen einzuverleiben, im letzten Moment das Taschentuch vor ihren Augen eingesteckt habe, um ihr zu beweisen, daß mir ihre Widerwärtigkeiten keine Angst einjagen, und ich mußte nicht einmal lachen, als sie sich beim Naseputzen am vergangenen Samstag vollgepinkelt hat. Man gedenkt der Krisen in Budapest, Kuba, Prag und all der anderen Gelegenheiten, bei denen diese alte Baracke hier beinahe in die Luft geflogen wäre: schön und gut, aber dann müßte man auch auf dem Weltkalender jenen 15. April ankreuzen. An jenem Tag nahm ich das schmutzige Stoffbündel von Margherita Mardegàn mit nach Hause, wusch es in der Waschmaschine und bügelte es. Tags darauf gab ich es ihr zurück, perfekt gefaltet, frisch und sauber duftend.

ah) Seit April 1971 hat Margherita Mardegàn eine von den Nasenlöchern bis zu den Bronchien saubere Nase. Ohne Unterlaß schneuzt sie sich, nur meinetwegen, weil sie mir dann ihre schmutzigen Taschentücher schenken kann, die ich ihr gewaschen und gebügelt zurückgebe. Und sie pinkelt sich auch nicht mehr voll und läßt sich nicht mehr so sehr gehen, weil sie immer ganz aufmerksam und gefaßt ist, damit die Lehrerin sie nicht demütigt. Früher galt sie als widerspenstig und wurde ausgestoßen, jetzt ist sie die Lieblingsschülerin und gilt als leuchtendes Beispiel; die hoffnungslos Kurzsichtige wurde zum Augenstern befördert, doch in der Zwischenzeit hat die Neugier an allem, was mit dem Geschmack ihrer Nase zu tun hat, sehr nachgelassen, und ihr neuer Blick, so messerscharf, ist für mich mittlerweile das Inbild der Stumpfsinnigkeit. Diese Verwandlung ist in meinen Augen ausschlaggebend, denn von jenem Tag an begann ich, meine Klassenarbeiten mit *Romulus Rex* zu unterschreiben, und zur gleichen Zeit – zur gleichen Zeit bin ich für immer ins Reich der Kopfschmerzen eingetreten.

Die außergewöhnliche Geschichte von Samuel J. Königsberg, dem Mann, der in seinen eigenen Penis umzog

Die Erektion läßt sich definieren als Versuch des männlichen Körpers, in den eigenen Geschlechtsorganen zusammenzufließen: das Blut schießt auf der Flucht vor dem Körper in eine Sackgasse, in der irrigen Meinung, so die Gliedmaßen verlassen zu können.

Alle (oder fast alle) Männer sind mit dieser körpereigenen Abwanderung vertraut und können sie mit Sachverstand bezeugen: dennoch, wenn Sachkenntnis auf Erfahrung beruht, haben wir keinen kundigeren Zeugen als Samuel J. Königsberg, der in die Geschichte eingegangen ist als »der Mann, der in seinen eigenen Penis umzog«. Bevor wir jedoch die außerordentliche Geschichte Königsbergs berichten, wollen wir in groben Zügen einige mündlich überlieferte heterodoxe Legenden wiedergeben, die im Schatten der *Midrash-Haggadah* erblüht und in irgendeiner apokryphen Falte der chassidischen Überlieferung verschwunden sind.

Rabbi Schlemmer verdanken wir die Aufzählung der Experimente Elohims, die zur Erschaffung der Prototypen des Menschen führten. Elohim fertigte einen hermetisch verschließbaren Beutel aus blinder, tauber und formloser Haut; in diesen hauchte er durch eine unendlich lange Röhre aus Fleisch, die in den Beutel mündete, den roten

Lebensgeist *(ruah)*. Die erste Kreatur war demnach mit ihrem Schöpfer durch diese langgezogene geschlechtslose Röhre verbunden, »wie ein Fötus an der Leine des mütterlichen Nabels«. Soweit Rabbi Schlemmer.

Durchflutet von dem roten Lebenssaft, färbte sich der Beutel rot, sprang hin und her, begann zu pulsieren, aus Freude darüber, daß er die tiefrote göttliche *ruah* enthielt: Rabbi Zuckermann vergleicht den Hautbeutel mit einem Herzen, das aus dem Brustkorb gerissen wurde und weiterschlug, »obwohl es keine blutigen Säfte absonderte und seine Beschaffenheit vielmehr sauber und trocken war«. Jenes Schlagen, mit dem der menschliche Prototyp sich selbst zusammenzog und ausdehnte, war keine überflüssige Zurschaustellung von Vitalität: genau betrachtet, handelte es sich dabei um den ersten Lobgesang, den eine Kreatur in der Geschichte der Ewigkeit auf ihren Schöpfer anstimmte, zugleich aber de facto um eine Vorform irdischer Sprache. Tatsächlich schwappten die aneinandergereihten Silben, die Elohim mit seinem Geschöpf austauschte, in einem Idiom hin und her, das aus einem Wortschatz aus Plasma und einer Syntax aus Unstetigkeiten bestand. Durch das krampfartige Zusammenziehen des Muskels wurde die Mischung aus Blut und Lymphe hervorgepreßt, und dabei spielte er nach, wie er sie zu Elohim zurückschickte, nur um sie im nächsten Augenblick wieder einzusaugen. Auf diese Weise ahmte die Kreatur ohne Unterlaß den Augenblick nach, in dem die *ruah* in ihr leeres Eingeweide gedrungen war: Systole imitierte die Ödnis des Ursprungs, sprich: die Zeit, in der jeder Beutel aus trockener Haut den göttlichen lebensspendenden Saft erst empfangen mußte; Diastole hingegen feierte das Herabregnen des Lebenssaftes, das die Periode der Schöpfung begründet hatte. Ritus, Religion und Gebet durchzitterten das Fleisch vom ersten

Augenblick an, »noch bevor sie im Bewußtsein und dem Glauben anlangten«. Soweit Rabbi Zuckermann.

Kaum hatte Elohim den Fleischkanal durchtrennt, um seinen Erstgeborenen von sich abzusondern und ihm außer dem Leben auch die Würde des Individuums zu schenken, erschrak die *ruah* angesichts der Vorstellung, nun in der Kreatur im Exil leben zu müssen, und schoß aus der langen Hautröhre, um sich wieder mit Elohim zu vereinigen; dabei bespritzte sie das Antlitz des Allmächtigen. Blut und Lymphe rannen Elohim über die Wangen und versickerten in der Erde. Der Beutel und die Hautröhre lagen schlaff und ausgedörrt am Boden. Rabbi Abrahmovitz beschreibt den Zorn Elohims, der »die rote Erde *(adamah)* ergreift und sie gewaltsam in den Hautsack stopft«; daraufhin knotete Elohim die Fleischröhre am Übergang zum Beutel zu, um so einen zweiten Blutausstoß zu vermeiden; schließlich schnitt er den Fleischkanal oberhalb des Knotens durch und gab den Rest des blutigen Schlicks hinein. Auf diese Weise entstand die Frau. Soweit Rabbi Abrahmovitz.

Der Schöpfer »streut eine Handvoll Kosmos über die beiden mit Lebensschlamm gefüllten Wesen aus«, pflanzt ihnen ein Paar Augen ein, stattet sie mit Ohren, Nase und Nerven aus, »um die Empfindungen der in den Lebewesen eingesperrten *ruah* zu dämpfen und sie vom Selbstmitleid abzuhalten«: die Lebensenergie wird abgelenkt durch die sinnliche Erfahrung der Dinge; ein ganzes Universum wurde auf die Beine gestellt, um von ein paar erstaunten Fingern betastet zu werden. Die Welt ist ein Surrogat für Elohim, das eilends errichtet wurde, um die im Körper der Menschen gefangene *ruah* zu trösten. Soweit Rabbi Kaminski.

Elohim erschuf also die weibliche Kreatur »aus dem Nabelstrick seiner Barmherzigkeit« (Rabbi Yitzak); anderen zufolge ist die Frau jedoch »eine abgeschnittene Röhre des Mannes« (Rabbi Neumann) oder gar »die bis zum Himmel hinauf entrollte und dort beschnittene Vorhaut« (Rabbi Cremona) und auch »das unendliche Glied, das den Menschen mit Elohim vereinte« (Rabbi Lévy). Im Eingeweide der Frau steht die Erinnerung an den ersten belebenden Zustand der *ruah* geschrieben, und »ihr Gedächtnis ist noch davon befeuchtet« (Rabbi Zacharus); dank ihrer ursprünglichen Funktion als »Aquädukt Elohims« (Rabbi Davidovic) und »Kanal der *ruah*« (Rabbi Jakobi) ist sie prädestiniert für die Mutterschaft. In der männlichen Kreatur drängt der Lebensgeist zur Frau, also zur ursprünglichen Röhre, die einst zu Elohim führte; indem sein Eingeweide anschwillt, hält der Mann die fliehende *ruah* auf. Soweit in groben Zügen die Zusammenfassung der Überlieferung der *Midrashim*.

Wir wüßten nichts über Samuel J. Königsberg, hätten wir nicht die Aufzeichnungen seines Arztes. An einem Augustnachmittag im Jahre 1876 diagnostizierte Dr. Seymour Wallabee jr., Facharzt für Geschlechtskrankheiten, einen lästigen Fall von Gonorrhöe an seiner eigenen Harnröhre. Glühendheiß lag das Straßenpflaster von Baltimore in der windstillen Luft; auf den Alleen hingen die Blätter wie Tausende von ausgedörrten Hundezungen an den Zweigen: hundertvier Grad Fahrenheit raubten der Stadt den Atem, erstickten die Jefferson Avenue, brachten alles in und vor dem Sprechzimmer zum Schweigen – nur nicht das Brennen in der Leistenbeuge des Doktors. Seymour Wallabee wollte gerade die Unterhosen zusammenraffen, die ihm auf die Knöchel gerutscht waren, als ganz plötzlich ein seltsames Männlein ins Sprechzimmer trat.

Eingehüllt in einen überaus schweren Kamelhaarmantel, schwankte der kleine Mann auf ihn zu, hielt sich dabei den lächerlich weit vorstehenden Bauch, als fürchte er, ihn zu verlieren. Die Ärmel des Mantels waren umgeschlagen und hochgekrempelt worden, so daß sie zwei große Rettungsringe um die Handgelenke bildeten, und der Saum schleifte auf dem Boden: dennoch füllte der Unterleib des Männleins den Mantel zur Gänze aus. Oben auf diesem fellgefütterten menschlichen Fäßchen saß ein schmaler, bebrillter Kopf, dem an Nasenspitze und Kinn der Schweiß heruntertropfte.

Zum ersten Mal in seiner sechsundzwanzigjährigen Berufstätigkeit hatte der Doktor weniger an als einer seiner Patienten im Behandlungszimmer.

»Wer ... wer hat Ihnen erlaubt hereinzukommen?« protestierte Wallabee mit bloßliegenden Genitalien, doch das Männlein war schon zur Behandlungsliege hinübergelaufen, um den Bauch abzustützen, und hatte begonnen, sich aus dieser tragbaren Sauna aus Kamelhaar zu befreien.

»Mein Na... Name ist Sa... Samuel König... sbe... berg«, sagte er, während er den Kragen aufknöpfte, »und das ... und das ist mei... meine Frau Ma... Marion.« Zu Wallabees größtem Erstaunen lugte aus dem nur wenig geöffneten Mantel ein brauner Nacken, dann zwei Schultern und schließlich, während ein Knopf um den anderen aus den Knopflöchern schnellte, ein Rücken, ein brauner Zopf, der sich an die Wirbelsäule schmiegte, sodann zwei füllige weibliche Hinterbacken, die in zwei um Königsbergs Lenden geschlungene Beine übergingen; die Füßchen schienen mit dem Gesäß des Mannes durch eine Art Schleife aus grazilen Fußknöcheln, Fersen und Zehen verbunden zu sein. Wallabee glaubte seinen Augen nicht trauen zu dürfen. Haare, Haut, Nägel: alles war nackt an diesem Frauenleib.

»Nur zu, Herr Doktor« – die Frau ließ aus ihrem entblößten Körper eine ebenso angenehme Stimme hören, die wie auch die Gliedmaßen von Schauern des Unwohlseins durchzuckt wurde, worauf jedesmal das Fleisch vibrierte – »ziehen Sie sich wieder an und tun Sie etwas, um uns zu trennen!«

Wallabee hörte auf, die beiden schweißtriefenden Leiber anzustarren, auf denen Körperflüssigkeit und Mineralsalze glitzerten und die sich mit ihren Sexualorganen ineinander verheddert hatten; vielmehr musterte er sich selbst: er stand noch immer vornübergebeugt da, seine Genitalien lugten oberhalb des Unterhosenbundes hervor; in den Händen hielt er den Gürtel der bis zu den Knien hochgezogenen Hose. Der Mann, der sich als Königsberg vorgestellt und nun aus seinem Mantel befreit hatte, trug außer seiner Frau nur ein Paar Schuhe ohne Socken.

Die Trennung war komplizierter als erwartet. Einige Bromid-Injektionen in Königsbergs Gesäßhälften reichten nicht aus, um sein Geschlechtsorgan zur Einsicht zu bewegen und es aus Mrs. Marions Schoß zu ziehen. Eine Art Aderlaß am Penis des Mannes war notwendig, er wurde mit einer Darmschlinge an der Wurzel abgebunden. Wallabee stach mit einer Stahlnadel in den verhärteten Stumpf und entnahm ihm sieben Spritzen, die mit veilchenblauem Blut von Königsbergs steifem Glied gefüllt waren und dieses um soviel abschwellen ließen, daß Königsberg es schließlich den Lenden der Gattin entwinden konnte. Der Eingriff des Arztes verhalf Königsberg wieder zu einer ordentlichen Haltung und schien ihm eine nicht zu bremsende Zungenfertigkeit wiederzugeben, mit der er Wallabee nun seine unglaubliche Geschichte erzählte.

Königsberg, Sohn jüdischer Eltern aus Mitteleuropa, war vor wenigen Monaten in der Neuen Welt angelangt, mit einem bescheidenen Kapital aus Herrenunterwäsche von miserabler Qualität. Diese versuchte er auf der Stelle zu verkaufen, indem er in den Vorstädten von Tür zu Tür zog. Die Hausfrauen Baltimores blickten ihn geringschätzig an, gewährten ihm nur wenige mißtrauische Sekunden mit einem Säugling an der Brust oder einem bedrohlichen Bügeleisen in der Hand, das mit glühenden Kohlen gefüllt war. Nervös zählte Königsberg die wunderbaren Eigenschaften seiner langen Unterhosen für die Nacht auf; in wenigen holperigen Sätzen verspielte er jegliche Aussicht auf ein paar Cents fürs Mittagessen. Von Tag zu Tag mußte er seine Monologe überzeugender gestalten; vom Vertreter wandelte er sich zum Kleiderständer, zum Mannequin, denn Königsberg war sich nicht zu schade für praktische Vorführungen und kleine Modenschauen in den dunklen Eingängen der Holzhütten.

»Und so hat er mich erobert«, unterbrach Marion Königsberg den Bericht ihres Mannes, während sie über der weißen Brust den verblichenen Kittel zuknöpfte, den Doktor Wallabee ihr geliehen hatte. »Als er die Hosen herunterließ, wollte ich ihn mit Fußtritten verjagen, doch plötzlich rührte mich etwas an diesem geschwätzigen Wicht, der gerade die Widerstandsfähigkeit der Doppelnaht in der Leistengegend pries, während seine rauhen langen Unterhosen aus Hanf sich beeindruckend wölbten. ›Nein, das ist keiner von diesen dahergelaufenen Betrügern‹, dachte ich bei mir selbst und musterte dabei die fantastische Dehnbarkeit des Stoffes, ›dieser arme Schlucker ist ein ehrenwerter Mann.‹ Ich kaufte ihm drei Paar langer Unterhosen ab, die ich ihm sofort schenkte. Zwei Wochen später waren wir Mann und Frau.«

Mrs. Marion verbot Samuel Königsberg, weiterhin als Vertreter für Herrenunterwäsche durch die Gassen zu streifen; der Zugang zu seiner fabelhaften Hose schien nun für immer vom Riegel ehelicher Eifersucht und durch eine gefahrlose Anstellung in einer Pferdemetzgerei verwehrt. Doch leider sind es eben jene äußerst friedfertigen Naturen, denen das Schicksal mit Vorliebe eine Falle stellt; und diesmal lauerte das Schicksal verborgen zwischen den Filzläusen der öffentlichen Toiletten in Baltimore.

An einem Junimorgen des Jahres 1876 pfiff der Zirkusdirektor Felix Middleton die amerikanische Nationalhymne, um die Blase anzuregen, breitbeinig stand er da, als er von dem seltsamen Murmeln seines Beckennachbarn abgelenkt wurde: sofort dachte Middleton an eine bedauerliche Zurschaustellung leiblicher Befriedigung. Angetrieben von rechtschaffenem Bürgersinn, wollte er bereits zu einer Schimpftirade auf den anderen Besucher des Pissoirs ansetzen, als er bemerkte, daß sich dort an seiner Seite keine schockierende Szene öffentlicher Ausschweifung abspielte, sondern ein furchterregender Titanenkampf.

Zunächst schien das Männlein mit dem Glied in Händen entschlossen, seinen Penis zu schelten. Doch mit jedem Satz klangen die Worte des schmächtigen Besuchers der Bedürfnisanstalt jämmerlicher, kläglicher: Er stieß nur noch einzelne Silben hervor, während sein Penis keine Anstalten machte, den in den Eingeweiden destillierten Sprühregen herauszulassen, vielmehr widersetzte er sich jedem Versuch des Mannes zu urinieren mit einer mächtigen Erektion, die den Abfluß unmöglich machte. Das Männlein hatte Mühe, sein Geschlechtsteil mit beiden Händen zu halten, wie einen Ahornstamm lehnte er es gegen die gelbschwarz karierte Kachelwand.

Felix Middleton war bestürzt. Während er noch mit der Linken sein tropfendes Glied hielt, zog er mit der

Rechten ein Notizbuch aus der Tasche und entwarf höchstselbst den Vertrag für Samuel J. Königsbergs neues Arbeitsverhältnis.

Zwei Wochen später, in einem Zelt am Rande des Zirkus, hinter dem Wagen mit dem Seehundbecken, präsentierte Felix Middleton einer handverlesenen Besucherschar Samuel J. Königsberg, jenen zart gebauten kleinen Mann, der auf einem vier Meter hohen Gerüst stehend zwei Schlangenmenschen – siamesische Zwillingsschwestern – balancierte, die mit den Haaren an seiner ausgefahrenen Stange aufgehängt waren. Drei Wochen nach Beginn einer kurzen Tournee durch Maryland wurde Felix Middleton verhaftet und verurteilt; der Zirkus wurde abgebaut; klammheimlich kehrte Königsberg nach Baltimore zurück, um sich wieder unters Joch seiner dumpfen Arbeit als Pferde schlächter spannen zu lassen.

Wir blieben im Bereich des Folkloristischen, gingen wir den abenteuerlichen Details von Königsbergs weiterem Leben nach – gesichtet von Gabriel Northon in dessen *Hissing Masculinity: Life and Exhibitions of Samuel J. Königsberg*, Northumbria Press, Boston 1993. Uns interessiert hier jedoch die kurze Zeitspanne, in der Doktor Wallabee diesen unfreiwilligen Helden der Mannhaftigkeit behandelte. In seinem *A Case of Aphasic Priapism* (unveröffentlicht; eine Reproduktion auf Mikrofilm kann beim Trevor Goulding Medical Archive in Philadelphia eingesehen werden) beschreibt Wallabee schamlos den klinischen Befund seines Patienten: der Doktor stellte fest, daß das Stottern, die Unsicherheit in der Wortwahl, der immer verheerendere Gedächtnisausfall, welcher zur Auslöschung ganzer Wortfamilien aus Königsbergs mentalem Wörterbuch führte, mit den Phasen akuter Satyriasis einhergingen; Wallabee nahm an, daß die organische Ursache für Königsbergs Sprachstörungen in der außergewöhnlichen Menge Blut lag, die nötig war, um die Schwellkörper seines Glieds zu sättigen. Dadurch wurde dem oberen Blutkreislauf die Grundlage entzogen, was ein Defizit in der Versorgung des Gehirns mit Sauerstoff zur Folge hatte. Wie man sieht, hätte sich all dies innerhalb der überschaubaren Grenzen eines gesunden diagnostischen Positivismus bewegt, wäre die Königsbergsche Symptomatik nicht innerhalb weniger Wochen schlimmer geworden. Schon im September desselben Jahres war Königsbergs Penis beträchtlich länger geworden, und sein Umfang hatte um zwei Drittel zugenommen. Der arme Mann vegetierte von da an in einem Zustand chronischer Entkräftung und Ermüdung dahin, der nur ab und an unterbrochen wurde durch das seltene Auftauchen von Sprechblasen mit unzusammenhängenden Schimpfwörtern, die in eine unverständliche phonetische Soße eingebunden waren.

Am Thanksgiving Day schwoll Königsbergs Penis zur Größe des gebratenen Truthahns an, den Marion servierte, mit einem betretenen Lächeln, das auf rührende Weise ihr Entsetzen verbergen sollte. Mrs. Königsberg weigerte sich, ihren Mann in ein Hospiz einweisen zu lassen, willigte aber ein, daß er nachts ins Behandlungszimmer des Arztes gebracht wurde. Königsbergs Penis feierte Silvester 1876 und enthüllte unter Doktor Wallabees immer bestürzteren Blicken einen vom Rest des Organismus völlig unabhängigen Blutkreislauf, mit einer Muskelkammer, die als Ersatz für Herzschläge oben auf der Eichel, dicht bei der Harnröhre pulsierte. Seit Weihnachten vegetierte Königsberg in einem halb bewußtlosen Zustand dahin, er wog nur noch halb so viel wie früher; in sich zusammengesunken lag er da, das Knochengerüst trug ihn nicht mehr, hatte sich beinahe verflüssigt: der Schädel wies wieder die pränatale knorpelartige Konsistenz auf.

Jeden Tag wurde Königsbergs kümmerlicher Leib ein Stück mehr von seinem Penis aufgezehrt. Samuel J. Königsberg verstarb an einem Februarmorgen des Jahres 1877, während Baltimore ausgelassen Karneval feierte. Seine Äuglein schlossen sich für immer und wurden von zwei haarigen skrotalen Augenlidern bedeckt; der zu einer feuchten Hautfalte geschrumpfte Mund unternahm eine übermenschliche Anstrengung, um das letzte Wort hervorzupressen, das ihm noch auf der einzigen verbliebenen Papille haftete:

»Ii ... ii ... iiich.«

Marion brach in Schluchzen aus und umarmte den widerlichen Torso auf der Liege des Behandlungszimmers. Königsbergs Penis überlebte ihn um zweiundsiebzig Stunden, bis ihm schließlich ein Schlaganfall das Ende bereitete.

Seymour Wallabee jr. stellte seine Hypothesen und Folgerungen aus dem Fall Königsberg 1878 beim Kongreß für venerische Krankheiten in Atlanta vor. Nach der Hälfte seines Vortrags untersagte ihm der Präsident der Sitzung fortzufahren; man erteilte ihm mit sofortiger Wirkung Berufsverbot; sein Referat wurde nicht in den Kongreßbericht aufgenommen. Wegen angeblicher psychischer Störungen des Doktors wurde seine zwei Wochen zuvor mit Marion geschlossene Ehe annulliert. Mrs. Königsberg mußte allein für den Unterhalt ihres Sohnes Samuel J. Königsberg jr. aufkommen, der in Wallabees Behandlungszimmer im Kamelhaarmantel ihres ersten und einzigen rechtmäßigen Gatten gezeugt worden war.

Wichtige männliche Nachkommen der Familie Königsberg im nachfolgenden Jahrhundert waren Ruben Anderson Königsberg, Unteroffizier der Infanterie, der während des Ersten Weltkriegs an der französischen Front beide Beine und den unteren Teil des Rumpfes verlor; Joel Lawson Königsberg, Pharmazeut und Erfinder aphrodisischer Salben auf Hopfenbasis während der Prohibition; Bella Davidia Königsberg, phantasievolle Sängerin von Radio-Jingles in den vierziger Jahren, von der amerikanischen Regenbogenpresse als einer der ersten öffentlich bekennenden Transsexuellen der Vereinigten Staaten vergöttert; Allan Stewart Königsberg, Humorist und Filmemacher Hollywoodscher Provenienz, dem breiten Publikum unter dem Pseudonym Woody Allen bekannt.

Was mir so durch den Kopf geht, während Maria Grazia mir einen bläst

Während Maria Grazia mir einen bläst, geht mir folgendes durch den Kopf:

1.) ich stelle mir vor, daß in diesem Moment auf der anderen Seite des Globus ein Typ mit steifem Schwanz auf dem Rücken liegt, dem eine Frau gerade einen bläst, und bin mir sicher, daß unsere beiden einander entgegengesetzten Schwänze eine ideale Planetenachse bilden, um die herum die Erde *nicht* kreist *(sinkender Erregungspegel)*;

2.) ich stelle mir vor, ich wäre ein riesiger englischer Rasen, in den ein Plastikstift gerammt wird. Auf den Plastikstift wird eine kleine weiße Kugel gelegt. Es kommt ein Golfspieler und fegt Maria Grazias Kopf mit einem meisterhaften Schlag hinweg (*steigender Erregungspegel*);

3.) ich bemerke, daß sich von der Decke eine Spinne herabläßt. Die Spinne landet einen Zentimeter von Maria Grazias Kopf entfernt genau in dem Augenblick, in dem Maria Grazia den Kopf heben will. Gleich beginnt auch schon die aufsteigende Blas-Phase, und die Spinne frißt in aller Eile dreißig Zentimeter Faden in sich hinein und hangelt sich dabei wieder empor, dann speit sie ihn wieder aus und läßt sich erneut herab, weil inzwischen die absteigende Blas-Phase eingesetzt hat. Ich betrachte das Auf und Ab von

Spinne und Maria Grazias Kopf, ihre komplementären symmetrischen Yo-yo-Bewegungen. Die Spinne bläst ihrem eigenen Spuckefaden einen. Maria Grazias Kopf sondert aus ihren penogenen Drüsen einen Fleischstrang aus *(steigender Erregungspegel)*;

4.) ich stelle mir vor, daß die Spinne eine bionische Spionin aus dem Weltraum ist, die nun die Erde erkunden soll. Sie sendet Informationen an eine Flotte von Raumschiffen, die auf dem Pluto parken. Das Flagschiff registriert die unentschlossene Pendelbewegung der Cyberspinne, die nach wie vor auf und ab gleitet. Der übergeordnete Weltraumstaat gibt der Flotte die Anweisung, den Angriff zu verschieben. Die feindlichen Raumschiffe starten gleichzeitig vom Sonnensystem Alpha Centauri aus. Fürs erste ist die Menschheit gerettet, dank des Oralverkehrs des Ich-Erzählers *(sinkender Erregungspegel)*;

5.) ich stelle mir vor, daß Maria Grazia gar nicht Maria Grazia ist, sondern irgendeine Caterina. Dann stelle ich mir mich vor, wie ich mich bemühe, mir vorzustellen, daß diese Caterina Maria Grazia ist, und meine Vorstellungs-Bemühungen sind derart intensiv, daß es mir im Halbdunkel tatsächlich gelingt, diese Caterina zu verwandeln und sie bis aufs Haar Maria Grazia gleichen zu lassen, die mir gerade einen bläst *(steigender Erregungspegel)*;

6.) ich denke, daß das Sein ist und das Nicht-Sein nicht ist *(sinkender Erregungspegel)*;

7.) ich stelle mir vor, daß ich nicht wirklich ich bin, sondern irgendein Federico. Wenn ich mir so sehr ähnele, dann deswegen, weil Maria Grazia sich vorstellt, mir einen zu blasen, und sich mich derart heftig vorstellt, daß dieser Federico sich in mein Abbild verwandelt und darin eingeschlossen wird *(steigender Erregungspegel)*;

8.) ich denke, ich sollte diese Abschweifungen lieber sein lassen und mich mehr auf Maria Grazias fleischigen Speichel konzentrieren, den ihre Zunge und Zahnfleisch umhüllten *(sinkender Erregungspegel)*;

9.) ich denke, ich sollte Maria Grazia für ihren Einsatz allmählich belohnen, und während sie mit meinem Schwanz im Mund aus dem Gedächtnis *Die Unendlichkeit* von Leopardi brummelt, brabbelt und blökt, sollte ich ihr vielleicht zeigen, daß ich das Gedicht gleich beim ersten Vers erkannt habe, sollte lauthals Töne von mir geben und die unsterblichen Silben mit meinem Sperma würzen *(sinkender Erregungspegel)*;

10.) Chtetch waw liew miw diesew einchame Hügew,
Um giewe Hecke, wie nach cho viewen Cheiten
Den Blickh tchum äuchersten Horitchont auchchließt.
Aber indem ich cho chitze und chaue, chtelle ich miw
Im Geichte gwenzenloche Wäume vor und übermenchlichech
Chweigen ung tiefchte Chtille
jencheitch der Hecke, wo weinahe
mein Hertch erchwickt. Und wenn den Wind
Ich in diechen Büchen rauschen höwe, tchiehe ich
twichen jener unendlichen Chtille und dieser Chtimme chtetch
einen Vergleich: Und in den Chinn kommt mir die Ewigkeit,
und die verflochenen Jahrestcheiten, und die Gegenwart

der Lebenden, und ihre Geräuche. Cho verchinkt
mein Geicht in dieser Unendlichkeit –
und chüch icht mir der Chiffbruch auf diechem Meer
(chteigender Ewwegungfpegew);

11.) ich denke mir, daß man das mit allen Wörtern, die es gibt, ausprobieren könnte und daß ich meine Sexualorgane an allen Vokabeln reiben sollte, die mir zu Leibe rücken und ihn vergiften *(Sinkender Erregungspegel);*

12.) die Wörter, an denen ich diese Methode ausprobieren möchte, sind:

frohlocken
Tohuwabohu
stachlig
geschniegelt
Scheunendrescher
Schwindelanfall
Storchenschnabel
zerstreut
Täuschungsmanöver
Südseeinsel
Zwetschgenkern
Katzenmaki
Gletscherspalte
Espressomaschine;

ich diktiere also Maria Grazia diese Wörter, und sie probiert sie eines nach dem anderen aus, indem sie ihre Lippen und Stimmbänder über meine Eichel stülpt *(sinkender Erregungspegel)*;

13.) Ikalien icht einge demokwatische Wepuwlik, die auf der Awbeip bachiert. Die Chouveränität liegt beim Holk, dach chie in den Hormen und Grenzen der Chonstitution auchüpt *(chteigender Ewwegungfpegew)*;

14.) plötzlich tauchen alle Gesichter, die mein Hirn abgespeichert hat, für den Bruchteil einer Sekunde blasenderweise vor mir auf und reichen meinen Schwanz als Zeugen von Mund zu Mund weiter, ganz unabhängig von meinem Willen *(steigender Erregungspegel)*;

15.) Franca Valeri bläst mir gerade einen; Ligabue bläst mir gerade einen; Demokrit bläst mir gerade einen; William Burroughs bläst mir gerade einen; Meine Mutter bläst mir gerade einen; James G. Ballard bläst mir gerade einen; Faye Dunaway bläst mir gerade einen; der Papst bläst mir gerade einen; Abel Balbo bläst mir gerade einen; Hakim Bey bläst mir gerade einen; Eros Ramazzotti bläst mir gerade einen; Medea bläst mir gerade einen; Luciano Bianciardi bläst mir gerade einen; Maffio Venier bläst mir gerade einen; Indiana Jones bläst mir gerade einen; Shirley Temple bläst mir gerade einen; Kate Moss bläst mir gerade einen; Honoré de Balzac bläst mir gerade einen; Sergio Endrigo bläst mir gerade einen; Claudio Monteverdi bläst mir gerade einen; Klytämnestra bläst mir gerade einen; Elizabeth Gibbons bläst mir gerade einen; Charles Burns bläst mir gerade einen; Iacopo da Varazze bläst mir gerade einen; Isabella Rossellini bläst mir gerade einen; Daniello Bartoli bläst mir gerade einen; Deborah Compagnoni bläst mir gerade einen; Deborah Caprioglio bläst mir gerade einen; Deborah Kerr bläst mir gerade einen; Nevio Scala bläst mir gerade einen; Olindo Guerrini bläst mir gerade einen; Roger Rabbit bläst mir gerade einen; der heilige Blasius bläst mir gerade einen; Blaise Cendrars bläst mir gerade einen; Thomas Bernhard bläst mir gerade einen; Thomas Milian bläst mir gerade einen; Piperita Patty bläst mir gerade einen; Patty Pravo bläst mir gerade einen; Immanuel Kant bläst mir gerade einen; Anne Sexton bläst mir gerade einen; Aurelio Fierro bläst mir gerade einen; Nicola Zingarelli bläst mir gerade einen; Totò bläst mir gerade einen; Julio Velasco bläst mir gerade einen; Merlene Ottey bläst mir gerade einen; Francesca da Rimini bläst mir gerade einen; Ennio Flaiano bläst mir gerade einen; Poldo Sbaffini bläst mir gerade einen; Calamity Jane bläst mir gerade einen; Gerardo Bianco bläst mir gerade einen; Tina Pica bläst mir gerade einen; Ave Ninchi bläst mir gerade einen; Clay Regazzoni bläst mir gerade einen; Fidel Castro bläst mir gerade einen; Juliette Lewis bläst mir gerade einen; Romeo und Julia blasen mir gerade einen; Gianni und Pinotto blasen mir gerade einen; Paola und Chiara blasen mir gerade einen; Sandy Shaw bläst mir gerade einen; Simona Ventura bläst mir gerade einen; Padre Pio bläst mir gerade einen; Jules Verne bläst mir gerade einen; Cecilia Bartoli bläst mir gerade einen; Hannah Arendt bläst mir gerade einen; Mutter Teresa aus Kalkutta bläst mir gerade einen; Simone Weil bläst mir gerade einen; Paolo Rossi bläst mir gerade einen; Alberto Savinio bläst mir gerade einen; Lech Walesa bläst mir gerade einen; Juri Andropow bläst mir gerade einen; Banana Yoshimoto bläst mir gerade einen; Lady Diana Spencer bläst mir gerade einen; Janet Frame bläst mir gerade einen; Demetrio Volcic bläst mir gerade einen; Rita Levi Montalcini bläst mir gerade einen; Che Guevara bläst mir gerade einen; Lubna bläst mir gerade einen; Galileo Ferraris bläst mir gerade einen; Legs Weaver bläst mir gerade einen; David Ricardo bläst mir gerade einen; Ada Negri bläst mir gerade einen; Tiramolla bläst mir gerade einen *(steigender Erregungspegel)*;

16.) ich stelle mir vor, daß meine Samenflüssigkeit ein äußerst seltenes Protein enthält. Dank der Enzyme in ihrem Zwölffingerdarm ist Maria Grazia die einzige Frau auf der Welt, die mein Sperma verwerten kann. Man gewinnt daraus einen Vitaminkomplex, der *in natura* nicht vorkommt und sich im Labor nicht synthetisch herstellen läßt. Mit wenigen Milligramm dieses Arzneimittels wird die schreckliche Krankheit *ngorongoro* unschädlich gemacht. Die Bevölkerung des östlichen Afrikas ist gerettet. Erleichtert atmet die Menschheit auf *(sinkender Erregungspegel)*;

17.) ich denke, daß diese obszöne und zugleich entsetzlich banale Position, in der ich mich jetzt befinde (die Eichel so rund und prall wie ein Helm der deutschen Armee, der Schaft des Schwanzes voll häßlicher angeschwollener Adern, das Gesicht verzerrt aufgrund der bilabialen Stimulation, die meine sensorischen Nerven durch die Reibung von Maria Grazias Rachenhöhle empfangen), ich denke also, daß dies das liederliche und vorhersehbare Selbstbildnis ist, das genau zu mir paßt, auf mich zugeschnitten ist, sich für mich geziemt, und daß irgendein anderes Selbstbildnis (im blauen Hemd; an die Säulen einer Balustrade gelehnt; rittlings auf einem Motorradsitz; den Flur entlanggehend; vor der ungarischen Botschaft stehend; beim Streicheln der Katze meiner Cousine) automatisch einen Anschlag auf die Menschenwürde darstellen würde *(sinkender Erregungspegel)*;

18.) ich stelle mir vor, daß meine Hoden zwei kleine Augen sind, die Maria Grazia aus nächster Nähe anschauen, während sie mir einen bläst *(steigender Erregungspegel)*;

19.) ich stelle mir vor, daß der Schwanz eine Zunge ist, der Maria Grazia einen Kuß aufdrückt. Die Vorstellung ist so überzeugend, daß ich in etwa einem Meter Entfernung von dem Geschehen eine Erektion im Mund habe und meine wirkliche Zunge fest daran glaubt, ein Schwanz zu sein, und von Maria Grazia verlangt, das emotionsgeladene Vorspiel nun sein zu lassen und sich endlich dem eigentlichen Gemächt zuzuwenden, das da zwischen meine Wangen gezwängt ist, und meine Zunge oral zu verwöhnen, mit dem Ziel, sie zur Ejakulation von Worten, Sätzen, Silben usw. zu bringen *(steigender Erregungspegel)*;

20.) ich stelle fest, daß Maria Grazia am linken kleinen Zeh ein Pflaster hat. Es handelt sich um ein klitzekleines Detail im Hinblick auf den Oralverkehr, den Maria Grazia soeben an mir vollzieht, doch genau deshalb stört es mich ungemein und gefährdet sogar den erfolgreichen Ausgang des Unterfangens *(steigender Erregungspegel)*;

21.) ich denke, daß ich mehr an mich selbst denken und egoistischer sein sollte *(sinkender Erregungspegel)*;

22.) ich denke, daß ich, um mehr Selbstvertrauen zu gewinnen, einen Videorecorder vor mir aufstellen sollte. Eine Videokamera würde meine rechte Hand aufzeichnen, die vorne in der Mitte des Bildschirms meinen Schwanz masturbiert. Ich sollte lernen, genau die gleichen Bewegungen wie auf dem Video auszuführen, als wollte ich sie in dem Fleisch spiegeln, das mir zur Verfügung steht: meiner rechten Hand und dem Schwanz also. Ich sollte soviel Selbstvertrauen entwickeln, daß es mir gelingt, genau in dem Augenblick zu ejakulieren, in dem die Videoaufnahme ejakuliert. Auf einer höheren Ebene des Selbstvertrauens wäre ich dann in der Lage, zeitgleich auf beiden Seiten des Bildschirms abzuspritzen, sowohl mit dem Kathoden- als auch mit dem Hoden-Sperma ein und denselben Punkt zu treffen *(steigender Erregungspegel)*;

23.) ich denke, alles, was ich vom Leben erwarte, ist letztendlich, daß mir einer geblasen wird, was, wie ich merke, in diesem Augenblick auch tatsächlich geschieht *(sinkender Erregungspegel)*.

Schwarzer Nimbus

1998, April

Nach Filippos und Caterinas Tod fing ich wieder an, ihnen beim Schnarchen zuzuhören.

An meinem Gürtel steckt immer ein Walkman, und ich laufe mit Kopfhörern herum. Im Walkman ist eine uralte Neunzig-Minuten-Cassette. Das Band ist über fünfzehn Jahre alt, es rauscht sehr. Ich drücke auf *play* und lausche.

»Das ist Caterina«, höre ich die Stimme eines kleinen Mädchens wispern. Das Mädchen bin ich, vor fünfzehn Jahren. Dann kommt plötzlich ein rhythmisches Atmen näher, in den Kopfhörern vernimmt man ruhige Luftströme, die aus einem Nasenloch ausgestoßen werden, sicherlich das Geräusch eines schlafenden Körpers. Es dauert nicht lange an, und am Schluß entfernt es sich ganz abrupt. Das Mädchen hat sich geduckt, zusammen mit dem in den Recorder eingebauten Mikrofon.

Nach ein paar Sekunden beginnt die Wanderung ums Bett herum, von Nachtschränkchen zu Nachtschränkchen. Vielleicht ist das Mädchen auf allen Vieren gekrabbelt, mit dem Gurt der Schutzhülle zwischen den Zähnen: ich stelle mir vor, wie es den kalten Boden auf den Handflächen und den Beinen spürt, von den Knien hinunter zu den Füßen. Den Bettvorleger, die paarweise angeordneten Pantoffeln.

Während dieser Umrundung des Ehebetts auf allen Vieren hat das Band nur den von ihm selbst verursachten

Lärm aufgenommen: man hört die winzigen Erschütterungen des Recorders an dem Gurt, der vom Mund des Mädchens herabhängt; der Recorder ist anscheinend immer wieder gegen die Bettkanten gestoßen und über die Decken geglitten. Diese Geräusche gehören eigentlich nicht ins Zimmer, sie waren die Art, wie der Recorder Geräusche vernahm, wenn er etwas berührte, sozusagen der Tastsinn des Mikrofons. Während dieser Umrundung hat das Mikrofon also nur den Bewegungen und Stößen seiner eigenen Erkundungen gelauscht. Die Hülle aus Kunstleder hat wohl das Aufschlagen der Kanten des Geräts gemildert.

Am Ende der Wanderung um das Bett nimmt das Mädchen den Recorder wieder in die Hand, drückt aus Versehen auf eine quietschende Taste, läßt den Gurt los, den es bis dahin mit den Zähnen gehalten hat.

Langsam dringt aus dem Hintergrund eine andere Melodie nach vorn, senkt sich von oben herab, während das Mädchen sich wieder auf die Knie aufrichtet und die Seite mit dem Mikrofon aufs Kissen stützt: diesmal ist es rauhe, körnige Luft, ein- und ausgesogen von einem anderen Körper, dessen komplizierte Höhlungen sie schmirgelt.

»Das ist Filippo«, flüstert das Mädchen.

1998, Mai

Im Unterschied zu richtigen Kopfhörern reichen die Ohrstöpsel nicht aus, um die Ohren völlig abzuschirmen. Der Stereoeffekt hinterläßt innen im Gehör einen zusätzlichen Raum, einen doppelten Boden im Herzen der Klänge und Geräusche, die von allem Lebendigen ausgehen. Sie schwirren weiterhin um uns und senken nur ein wenig die

Stimme. Wenn ich Walkman höre, tut sich in meinem Kopf sozusagen eine Art Raumquelle auf, wie Kringel im Wasser, in das ein Stein geplumpst ist.

Ich höre die Cassetten im Walkman und denke mir (ich stelle es mir nicht vor, ich denke es mir) das Dunkel in Gestalt des Schlafzimmers. Umgeben von einem schwarzen Luftwürfel, in den unsichtbare, versunkene Formen hineingeritzt sind, laufe ich durch die Gegend. Die Vorhänge, die Kommode, der Lüster, der leere Wandspiegel, die Bettvorleger. Filippo und Caterina, die beide schnarchen.

Für gewöhnlich lausche ich ihnen am hellichten Tag, draußen, den Himmel im Blickfeld. Ich trage einen dunklen, möblierten Heiligenschein mit mir herum, mit Vorliebe am Busbahnhof und auf dem Fischmarkt (Leute, laute Geräusche).

Eines Morgens bin ich auf den ausgetretenen und schlüpfrigen Steinplatten ausgerutscht, die wässrige Tinte hat mein Kleid befleckt. Der Fischhändler stürzte hinter seinem Stand hervor, um mich aufzuheben. Ich hielt die Hände schützend über den Kopf, um seine Arme fernzuhalten, die er gerade in einen Eimer mit toten Tintenfischen getaucht hatte.

1982, Oktober

Ich stehe vom Tisch auf und gehe in mein Zimmer, um den batteriebetriebenen Cassettenrecorder zu holen. Filippo und Caterina haben ihn mir vor zwei Jahren zur Kommunion geschenkt. Mittlerweile ist er schon ziemlich ramponiert und eingedellt, der Gurt an der Schutzhülle sieht aus, als hätte der Zahn der Zeit höchstpersönlich daran genagt.

Ich stelle den Recorder aufs Tischtuch, zwischen die Gläser mit Orangenlimonade und die neun kleinen Kerzen, so schlank wie Caterinas Fingernägel. Die Kerzen sind fast bis zu den Plastikhaltern heruntergebrannt, die in der Creme stecken, jetzt machen sie kleine rote Flecken auf meine Torte. Ich will Filippo und Caterina alles vorspielen, was das eingebaute Mikrofon letzte Nacht gehört hat, als es durch das Fensterchen in der Kunstlederhülle guckte.

Filippo und Caterina hören sofort zu streiten auf und schauen zu mir herüber, zu dem Recorder, der angefangen hat zu schnarchen.

»Das ist Caterina«, wispert meine Stimme aus dem Innern der Kunststoffhülle. Das Kunstleder ist oberhalb der runden Ausbuchtung des Lautsprechers mit einem hübschen geometrischen Lochmuster verziert. »Das ist Filippo.«

Filippo und Caterina schauen den Recorder an, schauen mich an. Sie stellen mir Fragen. Ich führe sie in mein Zimmer und zeige ihnen das Archiv unter meinem Bett. Dann lege ich mich auf den Boden und stecke den Kopf unter den herabhängenden Streifen der Tagesdecke. Das Licht trifft horizontal auf dem Boden auf, berührt die Staubflocken, ohne sie zu zerstören.

Ich warte darauf, daß sie sich entscheiden.

Caterina steckte den Kopf als erste hinunter. Die Matratze drückt auf den Sprungrahmen, berührt Caterinas mit Haarspray eingesprühte Haare. Die Rhomben und Sechsecke des Sprungrahmens schneiden ein flaches Relief aus helldunklen Wangen in die Matratze. Filippos Kopf lugt nun auch unters Bett und stößt dabei gegen eine Feder.

Mit den auf den Fliesen verschränkten Armen, das Kinn aufs Handgelenk gestützt, rechtfertige ich (wie immer rechtfertige ich die belangloseren Details) die augenscheinliche Beschränktheit des Archivs. Ich erkläre ihnen, daß jede Cassette mit Ausschnitten von vier, maximal fünf Minuten pro Nacht etwa drei Wochen umfaßt.

Caterina streckt den einen Arm aus und fährt mit den Fingern über die Plastikschachteln, halb schwarz, halb durchsichtig, nimmt sie eine nach der anderen in die Hand, dreht sie um, klappt sie wie ein kleines Buch auf, studiert die Etiketten. Sie hält sie ans Licht, um das Inhaltsverzeichnis zu lesen, das mit Bleistift auf die Zeilen der weißen, wie ein großes L gefalteten Innenhülle geschrieben wurde. Deutlich treten die Namen der Tage neben den Spalten mit den Daten hervor. Stolz hält meine Schrift Caterinas Blick stand.

Filippo sagt nichts, er schaut mich die ganze Zeit an.

Als sie schließlich auf die Cassette stößt, die vollständig mit der Nacht ihres zehnten Hochzeitstags bespielt ist, besteht Caterina darauf, sie anzuhören.

1991, Mai

Gegen Ende der Schulzeit fragt mich meine beste Freundin, ob ich nach den Abiprüfungen mit ihr nach Holland fahren möchte. Ich antworte, daß ich keine Lust habe, allein durch Europa zu reisen, wo ich doch erst seit einem Jahr volljährig sei.

Nach den mündlichen Prüfungen vertraue ich ihr meinen neuen Recorder an und erkläre ihr ganz genau, was ich brauche.

Mitte Oktober kommt meine Freundin aus Holland zurück, mit grünen Haaren und einer anderen Art zu lachen, wie eine Espressokanne, direkt vom Bauch in den Hals hinauf. Sie will mir sofort alle Fotos mit Widmungen und Unterschriften in allen möglichen Sprachen zeigen, und dazu die Gesichter aus aller Herren Länder; als ich ihr sage, daß das einzige, was mich interessiert, mein Recorder und meine Cassette sind, ist sie sprachlos.

Seite A: fünfundvierzig Minuten Sirenengeheul im Dunst, metallene Anlegemanöver und Meeresvögel auf der Hafenmole in Amsterdam.

Seite B: fünfundvierzig Minuten Wind und Mühlen soweit das Ohr reicht.

Abends höre ich mir alles zu Hause an: unter der Decke, unbeweglich, das Gesicht nach oben, ich kann den Kopf nicht drehen, weil die gepolsterten, großen Stereo-Kopfhörer im Weg sind. Hinreißend.

Im Zimmer nebenan schlafen Filippo und Caterina geräuschvoll miteinander.

1992, Januar

Dank der Reisen meiner Freunde und der Freunde meiner Freunde decken die Bänder meines Geophonie-Archivs innerhalb weniger Monate alle Kontinente ab. Meridiane und Parallelen sind aufgespult, ruhen wohlbehütet auf meinen Cassetten.

Ruhige Schneefälle auf den Hochebenen der Anden.

Monsunregen an der Küste des Golfs von Siam.

Muhen und dumpfes Hinschlagen in den Schlachthöfen von Rosario.

Waisenhäuser in der Peripherie von Khartoum.

Ich bin nie aus Italien herausgekommen, abgesehen von dem heutigen Tagesausflug in die Grotten von Postumia (Postojnska Jama), im Bus mit der Religionslehrerin (der Signorina Roccaraso), während der Vorbereitungszeit auf die Firmung.

Wir legen eine Pause am Mausoleum von Redipuglia ein, wo hunderttausend Totengerippe aus dem Ersten Weltkrieg ruhen. Die Signorina Roccaraso deutet auf diejenigen Namen, die wie die unseren lauten, dort in der unendlich langen Liste, die in den Marmor gehauen wurde. Auch die Stufen bis nach oben scheinen kein Ende zu nehmen, aber die Signorina Roccaraso will, daß wir hinaufrennen, als geistliches Exerzitium, uns dabei die Nase zuhalten und die Lippen fest aufeinanderpressen. Oben angekommen, setzen wir uns hin, um wieder zu Kräften und zu Atem zu kommen.

An dem Ausflug dürfen alle Gemeindemitglieder teilnehmen, aber die Meßdiener haben einen Nachlaß bekommen, je nach Anzahl der Punkte, die sie durch die Teilnahme an der Messe gesammelt hatten.

Auch wir haben Anspruch auf eine entsprechende gewerkschaftliche Vergünstigung, und die Signorina Roccaraso hat eine Umrechnungstabelle von guten Taten in Lire ausgetüftelt. Sie werden in ein spezielles Heft eingetragen, das während des ganzen heiligen Monats Mai ständig aktualisiert wird.

Ich habe Tag für Tag hineingeschrieben, daß ich mich bemüht habe, brav und gehorsam zu sein und auf Filippo und Caterina zu hören (1250 Lire).

In den Grotten von Postumia tröpfelt die Decke wie ein freundlicher Frühlingshimmel auf unsere Lippen herab, der Saft der Stalaktiten schmeckt nach Gips und Frische.

Schüchtern ragen Vorsprünge über die Schlucht der Piuca (Pivka), das Bett des unterirdischen Flusses.

Im Großen Dom gibt es weder Altäre noch Emporen, noch eine Kanzel, nur eine Reihe von Weihwasserbecken.

Zwei wuchtige schmiedeeiserne Kandelaber beleuchten die unverputzte Wand des Ballsaals.

Wir stehen da und lauschen den sieben Echos, die unsere Ohren in der großen Halle der Konzerte überraschen. Während wir weiter zum Großen Kalvarienberg gehen und uns in der Grotte des Paradieses versammeln, die direkt zur Schwarzen Grotte führt, ermahnt uns die Signorina Roccaraso ständig, wir sollten, anstatt uns den Namen jeder einzelnen Grotte einzuprägen, lieber daran denken, daß wir unter einer mehrere hundert Meter dicken Erd- und Gesteinsschicht begraben sind, die uns von den Wäldern des Karsts trennt, wie Tote auf einem Ausflug.

Auf den Fotos in dem kleinen Büchlein, das wir alle zur Erinnerung gekauft haben, sieht man die übliche Abfolge von alten verkrusteten Zisternen, felsigen kleinen Räumen mit Ersatzstalaktiten, Korridoren, durch die ein Zug saust, der dem auf Karussellen ähnelt, leichenblasse Olme in eisigen Pfützen.

Das Fotobüchlein besteht aus einem einzigen Streifen glänzenden Kartons, der sich zu zwanzig Abschnitten zusammenfalten läßt: ich spiele darauf wie auf einer Ziehharmonika und denke dabei, daß er sich perfekt an das Zickzack der Kerben und Ecken meiner Zimmertür anschmiegen wird, die Falttür, die mein Zimmer von dem Filippos und Caterinas trennt.

1987, Mai

Filippo läßt keine Gelegenheit aus, mir zu sagen, daß ich jetzt ganz so aussehe wie Caterina, als sie jung war, erschreckend ähnlich sähe ich ihr, sagt er. Was Caterina betrifft, so hat sie sich angewöhnt, jedes Mal (*jedes* Mal) zu Hause anzurufen, wenn sie unterwegs ist. Sie ruft von den Telefonzellen aus der Stadt an, vom Friseur aus, von der Liege im Schönheitssalon: sie will unbedingt wissen, wer zu Hause geblieben ist und weshalb.

Am Telefon läßt sich die Abwesenheit einer Person unmöglich beweisen, Caterina braucht eine Ewigkeit, bis sie sich von mir überzeugen (in Rage bringen) läßt, daß Filippo wirklich außer Haus gegangen ist.

Wenn Filippo abhebt, ist alles noch schwieriger, es vergeht oft eine Stunde, bevor Caterina sich zum Auflegen durchringt. Gewöhnlich denkt sie sich sehr naive Fangfragen aus, sie wechselt das Thema und bittet ihn ganz plötzlich, mich ans Telefon zu rufen, denn sie meint, Filippo sei nicht in der Lage, sie zu überzeugen, daß ich nicht da bin, ich könne ihr viel besser beweisen, daß Filippo nicht da ist. Manchmal verliert Filippo die Geduld und schreit ins Telefon, daß die einzige, die nicht da ist, sie selbst ist.

1987, Juni

Auf Caterinas Drängen hin muß ich mich im Auto mitnehmen lassen, auch wenn das bedeutet, daß ich fast eine

Stunde zu früh in der Turnhalle bin. Trotzdem ruft sie nach nicht einmal zwanzig Minuten zu Hause an. Es hebt keiner ab, daher ruft sie die Nachbarin (Signora Calandra) an, damit sie bei uns klingelt. Sie fleht sie an, mit den Fäusten auf unsere Tür einzuschlagen, meinen und Filippos Namen zu rufen und unserer Schande ein Ende zu bereiten, indem sie uns, vom Treppenabsatz aus schreiend, vor allen Mietern der Lüge bezichtigt.

Filippo ist allein zu Hause, er reagiert nicht, weil er unter der Dusche steht. Am Abend besuche ich ihn im Krankenhaus.

Er ist aus dem Badezimmer gelaufen um zu öffnen und dann ausgerutscht, als er um die Ecke bog. Er konnte sich nicht abstützen, weil er sich im Laufen das Handtuch um die Hüften wickelte, und ist mit dem Gesicht auf den Boden geschlagen (mehrfacher Bruch des Jochbeins). Er muß operiert werden, damit seine Gesichtszüge wieder in die übliche Form gebracht werden können.

Und ich, ich habe eine aufgesprungene Lippe und zwei abgesplitterte Schneidezähne: während ich auf meine Lehrerin wartete (die Signora Roccaraso in Salvo, meine ehemalige Religionslehrerin, mittlerweile seit fünf Jahren verheiratet), schwang ich mich auf dem Stufenbarren hin und her, griff plötzlich ins Leere und schlug mit dem Mund auf einem der Holme auf.

Ich stehe neben Filippo, der im Krankenhausbett liegt, und murmle, mit dem Mund auf dem Stufenbarren aufzuschlagen, sei so, als würde man krachend ein Stück Konfekt oder Nougat zerbeißen.

Filippos ganzes Gesicht ist geschwollen, es fällt ihm noch schwerer, etwas zu sagen, er nickt, murmelt, daß es auch für ihn so gewesen sei, als würde man ein T mit dem gesamten Kopf aussprechen. Fast unhörbar fügt er hinzu, daß ich jetzt Caterina unverschämt ähnlich sehe, bevor sie sich die Zähne richten ließ.

Caterina sitzt auf der Bettkante, spricht mit Signora Calandra und einer Krankenschwester. Sie bemerkt nicht einmal, daß die vorsichtigen Wangenbewegungen auf meinem und Filippos Gesicht einem Lächeln gleichen.

1998, April

Nach Stunden um Stunden voller Lehrbücher und horizontaler Regale komme ich aus der Bibliothek. Ich gehe gern am äußersten Rand des Nachmittags spazieren. Ich hüpfe, traktiere meine eigenen Schritte mit den Füßen, rauche die einzige Zigarette des Tages. April, sanfte Dämmerung, Viale Calatafimi und Piazzetta Satie sind meine Aschenbecher.

Schließlich setze ich mich in den botanischen Garten, mitten hinein in den Frühling. Von der Ruhe angesteckt, zieht das Wasser in die Pflanzen ein. Die Dämmerung erregt die Schwalben. Sie fliegen plötzlich Seite an Seite, formieren sich spontan zu kleinen Trupps, biegen gemeinsam in geheimnisvolle Luftkorridore ein, fliegen synchron an den Wirbeln des Windes entlang.

Eine halbe Stunde bevor der Park geschlossen wird, öffnen sich die Wasserschirme der Rasensprenger, um die Pflanzen vor dem Austrocknen zu schützen. Oben, an der Spitze der grauen Röhrchen tanzen Wasserkreisel. Zerstäubtes Wasser hüllt die Bänke ein. Die Feuchtigkeit bemächtigt sich der Wege, zwingt die Besucher aufzustehen, führt sie sanft zum Ausgang.

Unter die Nebenblätter und Rispen der Buddleja geduckt, im Schatten eines Gingko Biloba, übt sich ein verborgener Geräuschemacher darin, den Kies in Übereinstimmung mit den Schritten der Gärtner in ihren Gummistiefeln knirschen zu lassen.

Zumindest glaube ich, daß es so ist, ich bleibe auf der Bank des botanischen Gartens sitzen, aber all diese Dinge nehme ich nicht wahr, es gelingt mir nicht, mit den Sinnen die Dinge außerhalb meiner Gedanken zu erfassen. Denn in meinem Kopf nehmen Sätze Gestalt an, etwa: Mario ißt die Mandarine, die Mandarine wird von Mario gegessen, oder auch: Trenne nie S-T, denn es tut ihm weh. Und auch: Die Eltern sonnen sich im Glanz der Kinder, aber die Kinder stehen im Schatten der Eltern.

1998, März

Zur Abendessenszeit kam ich nach Hause. Filippo hatte Caterina gebeten, ihm nach dem Mittagessen beim Ausrasieren einer Achsel behilflich zu sein. Seit zwei Tagen juckte es ihn dort, er befürchtete, es könnte ein Ekzem sein oder vielleicht ein Pilz.

Die Badezimmertür war abgeschlossen, ich rief drei-, viermal. Mit dem Hammer schlug ich sie ein und fand sie nackt und tot, getroffen vom Schlag des elektrischen Rasierers.

Die Kacheln auf dem Boden waren übersät mit Härchen, unzähligen Härchen, viel mehr als in einer Achselhöhle wachsen können. Auf Filippos und Caterinas Körper war kein einziges mehr.

Ich wußte nicht, was ich tun sollte, unwillkürlich mußte ich an Zucca denken, es war an einem Sommermorgen, Caterina und ich hatten ihn hinunter in den Garten getragen, auf die weißen Steinplatten gelegt und mit der Wasserpumpe abgespritzt, um ihn dann zu beerdigen. Filippo hatte zum Fenster heruntergeschrien, es sei abscheulich, eine tote Katze zu waschen. Und dann auch noch mit der Wasserpumpe (Caterina hatte gelacht).

Als erstes habe ich mit dem Staubsauger die Härchen meiner toten Eltern vom Boden aufgesaugt, in der Situation dachte ich gar nicht daran (ich habe noch nie mit jemandem geschlafen und werde es, glaube ich, auch nicht tun), daß man die vielleicht auch in die Särge geben müßte, vielleicht in die Jackentasche, oder in ein Säckchen, das zwischen die starren Finger geklemmt wird.

Vorbereitungen für einen vom Justizministerium ausgeschriebenen Einstufungstest für Maschinenschreiben

Ich habe als Zeuge gegen meine Mutter ausgesagt, die zu lebenslanger Haft verurteilt worden ist, weil sie meinen Vater in einem Anfall von Eifersucht erstochen hat (eine mit einem cremefarbenen Unterrock bekleidete Frau von nur fünfundvierzig Kilo kann also doch einen Koloß zu Fall bringen). Der Prozeß wurde aufgenommen und vor kurzem im Fernsehen übertragen. Die Signora Renata, die Frau, die meine Eltern zur Raserei brachte, bot mir einige Tage nach der letzten Anhörung an, bei ihr im Hotel schwarz zu arbeiten.

»Willst du bei mir arbeiten«, fragte sie; ich glaube, daß sie mich das gefragt hat, aber vielleicht hat sie es auch nur festgestellt, als sie mir ins Gesicht sah.

»Ja«, gab ich mit gesenktem Blick zu.

Ich arbeite jede zweite Woche als Nachtportier in dem Hotel der Signora Renata, in einer Gegend der Stadt, die ich hier lieber nicht nennen möchte.

Eine Woche lang bin ich ein tadelloser Angestellter, sorgfältig rasiert, ausstaffiert und shampooniert. In drei Sprachen murmle ich vorgefertigte Sätze, verberge beim Lächeln den kariösen Eckzahn. Geflissentlich mache ich meine Eintragungen in das Hotelregister, die Schrift windet sich in köstlichen Schnörkeln. Am Ende der Schicht wecke ich die Gäste per Telefon, meine Stimme ist ein verheißungsvolles *Guten Morgen!* Es freut sie, wenn man einen strahlenden Tag in Aussicht stellen, ihn offiziell einläuten darf.

Am Tag kehre ich nach Hause zurück, schlafe allein im Ehebett, halte die Wohnung meiner Eltern sauber. Ich repariere das Abflußrohr der Toilette, kitte und lackiere die Fensterrahmen (es hat gezogen wie Hechtsuppe). Ich fülle die Vorräte auf, erledige die Wäsche, bügle. Zeit, meinen Vater auf dem Friedhof zu besuchen, habe ich nicht.

Weder rasiere, noch wasche oder kämme ich mich in der Woche, in der ich frei habe. Meine Unterwäsche wechsle ich auch nicht. Ich gehe nicht aus dem Haus. Bevor ich die Kippe in die randvolle Zuckerdose stippe, zünde ich mir an der Glut eine neue Zigarette an. Ich trinke Bier, stopfe trockenes Brot und Thunfisch aus der Dose in mich hinein. Jedesmal schneide ich mich dabei an dem Blech der Thunfischdose. Ich lege mich angezogen ins Bett, verschlafe den größten Teil des Tages und bin die ganze Nacht wach, im grellen Neonlicht in der Küche. Stinkend sitze ich am Küchentisch, auf dem sich die blutigen Thunfischdosen stapeln. Die klebrige Asche bildet zuckrige Klümpchen um die glühenden Zigarettenstummel. Ich kaue auf der Kappe des Filzstifts, schreibe eine halbe Zeile aufs Blatt, die mit *Augentropfen* aufhört. Ich zähle nach, elf Silben, fange eine neue Zeile an. Schreibe wieder eine halbe Zeile voll, die mit dem Wort *Pfropfen* aufhört. Ich zähle nach, elf Silben, fange wieder von vorne an.

Vor einiger Zeit habe ich mich bereit erklärt, einen Roman für Kinder fertig zu schreiben. Centanari konnte die Frist für die Übersetzung eines Handbuchs des Bankwesens nicht einhalten und bat mich daher, ihm zur Hand zu gehen und eine Geschichte zu Ende zu bringen. Er gibt mir die ganze Summe, die er mit dem Verleger vereinbart hat. Ich darf mir auch mein Pseudonym selber ausdenken. Dieser Verleger hat nämlich die Angewohnheit, ausschließlich italienische Texte unter amerikanischen Pseudonymen zu veröffentlichen: das macht er immer, auch wenn es sich nicht um Kinderbücher handelt. Mit diesen fingierten Übersetzungen läuft es einfach viel besser, überhaupt kein Vergleich. Die Leser denken, der Verleger hat sich seine Bücher bestimmt im Ausland zusammengesucht, er wird sie ganz sorgfältig ausgewählt haben. Außerdem fangen sie gar nicht erst an, auf verunglückte Sätze zu achten. Sie geben dem Übersetzer die Schuld, denken, das Original war bestimmt besser, und konzentrieren sich lieber auf die Geschichte, den Inhalt des Dargebotenen.

Auch wenn er diesmal keine müde Lira kassiert, kommt Centanari das Ganze zupaß: er hält beide Verträge ein, und auch in Zukunft werden ihn seine Verleger mit weiteren Aufgaben betrauen.

»Aber warum ausgerechnet ich?«

»Auf dem Gymnasium hast du doch immer Gedichte geschrieben, nicht?«

»Auf dem Gymnasium.«

Ich glaubte tatsächlich, Centanari hätte das alles meinetwegen auf die Beine gestellt. Ich war überzeugt, er wollte, daß ich mich mit etwas beschäftigte, daß ich Gelegenheit bekam, aufzuräumen, alles zu desinfizieren (Kinder- und Jugendliteratur macht einen zu einem besseren Menschen). Als das Telefon fünfmal am Tag klingelte, zu Hause und im Hotel, wurde ich eines besseren belehrt. Er bedrängt mich, nennt mich Dreckskerl und Arschloch, weil ich sein Buch noch nicht zu Ende geschrieben habe, er sei Verpflichtungen eingegangen, sagt (schreit) er, ich sei schuld, daß er jetzt in den Augen des Verlegers als Volltrottel dastehe.

In Wahrheit hat er mir nur eine Skizze gegeben, ein mageres, unverbindliches Gekritzel mit ein paar flüchtig hingeworfenen Stichworten.

Exposé von Centanaris Buch: Ein kleiner Junge beschreibt seinen alten Lehrer, der in Pension gegangen ist, nachdem der Kleine die erste Klasse besucht hat. Das mündet in einen Scherz. Indem er über ihn schreibt, gibt der kleine Junge dem Lehrer das Alphabet zurück, mit dem er vergiftet wurde, er zahlt ihm alles heim, eine leidenschaftliche, großartige Revanche.

Das war alles. Beim Durchlesen kam mir das Exposé sofort unglaublich öde, langweilig und kraftlos vor. Für Kinder! Katastrophal. Und die Story, wo war denn die Story? Das habe ich ihm auch gesagt. Centanari meinte, der Verleger hätte das Projekt ja schon befürwortet, und jetzt könne er keinen Rückzieher mehr machen. Ich habe ihm rundheraus gesagt, daß sein Exposé blöd sei und ich unter diesen Umständen vom dem Plan Abstand nähme. Ich würde mich weigern, mit einem derartigen Stumpfsinn meine Zeit zu verplempern. Centanari sagte, ich sei ein Drecksack und ein Arschgesicht, wenn ich ihn jetzt in der Scheiße sitzen ließe.

Nachdem ich ihm einen Korb gegeben hatte, fing ich trotzdem an, nächtens über Centanaris Entwurf zu brüten, ohne genau zu wissen, weshalb. Anstatt mich meinen verschränkten Reimen zu widmen, hieb ich mit pflasterbewehrten Fingern auf die Schreibmaschine ein und tippte zwanzig Kopien ab.

Na klar, sagte ich zu mir selbst, wer hat denn an allem schuld? Der alte Grundschullehrer! Er hat mir das Alphabet eingebleut. Er hat mir diese wohlerzogene Schizophre-

den Schaumbadflaschen auf dem Badewannenrand geschrieben stand, die ich wie zufällig in die Hand nahm, während ich den Bauch zusammenpreßte, bis aus meinem Körper einzelne Stückchen Scheiße ohne irgendein Etikett traten.

Mitten in der Nacht rufe ich Centanari an und beschwöre ihn, er möge mich nun doch sein Buch zu Ende schreiben lassen. Ihn zu wecken, war nicht nötig: er arbeitete gerade an der Übersetzung des Handbuchs des Bankwesens. Er war sehr freundlich, bedankte sich bei mir. Ich bedankte mich auch bei ihm, wir dankten uns gegenseitig. Wir hörten gar nicht mehr auf, einander zu danken, ich glaube, bei ihm kam es von der Erschöpfung. Ich war ganz euphorisch. Als ich den Hörer auflegte, fühlte ich mich, als hätte man mich angehalten, rasch die Koffer zu packen: leichtes und handliches Gepäck, denken Sie daran, denn es wird eine abenteuerliche Reise.

Mit all dem Hin und Her war auch meine freie Woche wie im Flug vorbei, es war schon Samstag, ich hatte mich die ganze Zeit nicht rasiert und stank unter den Achseln, nun mußte ich mich wieder herausputzen für die zwölfstündige Schicht im Hotel.

Ich nahm ein Heft mit ins Hotel und fabrizierte in drei Stunden sechsundzwanzig dicht beschriebene Seiten. Die Schrift war ein einziges Gekritzel. Gegen Viertel nach drei Uhr nachts vollzog ich mit der Signora Renata Analverkehr in der Portiersloge neben der Rezeption. Ich konnte mich gar nicht auf die Reibung ihrer analen Schleimhäute konzentrieren und war abgelenkt, während sie mir verliebte Worte zuflüsterte.

»Du wolltest, daß sie ins Gefängnis kommt, um mit mir

zusammen sein zu können, stimmt's?« hauchte die Frau, die meine Familie zerstört hat.

»Ja«, sagte ich vermutlich und grub die Finger in die Flanken der Signora Renata; die ganze Zeit dachte ich aber an meinen Grundschullehrer, der nun in Pension war, so an die siebzig mußte er jetzt sein, im hellen Überzieher und mit bräunlicher Krawatte streift er wohl am Samstagvormittag an den Marktständen vorbei, und da kommt er zu einem Mädchen, das auf einem Campinghocker sitzt. Das Mädchen schneidet mit einem länglichen Messer die Blätter von einer Artischocke und wirft die Böden in ein Becken mit kaltem Wasser. Die Artischockenböden treiben an die Oberfläche. Ich höre das Geplauder der Passanten auf dem ganzen Markt, die Rufe der Verkäufer, und im Hintergrund das Knarren der Einkaufstaschen aus Polyäthylen. Hunderte von Einkaufstaschen aus biologisch abbaubarem Plastik hängen da in den Händen der Passanten. Man sieht es nicht, aber die Zehennägel des Lehrers, die in seinen Rindslederschuhen und den Socken stecken, sind rot lackiert. Bei jedem Schritt zieht er die rot lackierten Nägel an, um sie dann wieder zu strecken, er betritt die Bäckerei und kauft zwei weiche Brötchen, federt in den Knien, streckt die Zehen nach oben, die rotlackierten Nägel berühren die Decke seiner Rindslederschuhe. »Wie lange braucht es, bis die Lackschicht durch die Reibung abblättert?« fragt er sich, während er die Verkäuferin »Wieviel macht das?« fragt, während die Frau, die da auf allen Vieren mit dem Rücken zu mir kniet, elegant ihre Hüften kreisen läßt, während sich in ihr drin mein Sperma mit den Exkrementen ihrer Gedärme vermengt. In der folgenden Woche habe ich die Geschichte des Grundschullehrers mit der Schreibmaschine abgetippt, das einzige Ereignis in diesen sieben Tagen.

Zusammenfassung der Geschichte des Lehrers

Erstes Kapitel: Mein alter Grundschullehrer tastete in dem Spalt zwischen Kühlschrank und Mauer; soeben war ihm der Deckel seiner Hämorrhoidensalbe dort hineingefallen. Er fand den Deckel und ein kleines Fläschchen mit Nagellack. Wie seltsam, und dabei glaubte er, alle Gegenstände, die etwas mit seiner Frau zu tun hatten, weggeworfen zu haben [der Einfachheit halber hieß die verstorbene Gattin des Lehrers in dem ersten Entwurf Renata]. Nach ihrem Tod hatte mein Lehrer in der Wohnung ausgemistet; nur das Gebiß der Frau hatte er behalten, ab und an masturbierte er darin. Der Lehrer schraubte den Deckel des Fläschchens ab und lackierte sich die Nägel; er ging einkaufen, angezogen wie immer, die Zehen inkognito. In den Rindslederschuhen verbarg er zehn feuerrote Zehennägel, im Kopf verbarg er den Entschluß, sich in den Treppenhausschacht zu stürzen, sobald der Lack aus dem Fläschchen gänzlich aufgebraucht war. Mein Lehrer ging durch die Straßen, an den stinkenden Abwasserkanälen entlang.

Zweites Kapitel: Gegen drei Uhr nachts stand mein Lehrer auf, um eine Zigarette am Fenster zu rauchen; unter einem Laubengang am Ufer des Kanals küßte sich ein Pärchen im Schutz der Dunkelheit neben ein paar aufeinandergetürmten Müllsäcken. Eine fette Ratte durchschwamm den Kanal, zwei Meter unterhalb der Wohnung des Lehrers. Die Ratte steuerte auf die ans Ufer gelehnten Müllsäcke zu. Am Morgen danach erzählte mein Lehrer seinem Schwager von der Ratte [aus Bequemlichkeit hieß der Schwager in allen Fassungen der Geschichte Centanari], er erzählte ihm auch von dem Pärchen, das sich im Dunkel geküßt hatte, neben den Müllsäcken. Centanari ereiferte sich bei dem

Gedanken, der Ratte den Garaus zu machen; um sie zu töten, wollte er ein mit Nägeln bestücktes Blasrohr verwenden.

Drittes Kapitel: Mein Lehrer stattete Centanari bei der Arbeit einen Besuch ab. Um Mitternacht war niemand in dem Palast. Centanari arbeitete als Nachtwache im Palast der Regionalverwaltung; auf den grauen Schirmen in der Portiersloge sah man die Pärchen, die sich nachts in den Gassen küßten, unter den Videokameras an den Nebeneingängen. »Die sollte man ins Bordell schicken«, sagte Centanari atemlos, »aber eine Stadt ohne Bordelle ist ja keine Stadt!«

Viertes Kapitel: um zwei Uhr nachts knotete mein Lehrer zwanzig Salamihäppchen im Abstand von einem halben Meter aneinander und ließ die Kordel aus dem Fenster herab. Die Ratte schwamm bis zum Fenster und huschte an dem Seil hoch; sie stieg durchs Fenster ins Zimmer meines Lehrers, kletterte an den Fransen des Bettüberwurfs aufs Bett und fraß die Salamischeibe in der Mitte des Ehebetts. Mein Lehrer, in eine dunkle Ecke gekauert, hielt den Atem an; während er die Ratte heimlich beobachtete, spürte er eine dunkle Woge allumfassender Liebe zu jeder Kreatur in sich aufsteigen.

Fünftes Kapitel: Mein Lehrer ging einkaufen, die rotlackierten Zehennägel fein in den Rindslederschuhen versteckt. Er erkannte auf der Straße die junge Frau wieder, die er neulich nachts mit ihrem Freund neben den Müllsäcken ausspioniert hatte. Er folgte ihr, wußte nicht, wie er es ihr sagen sollte; dann faßte er Mut und sprach sie an, mit größtmöglichem Feingefühl. Er erzählte ihr von seiner Wohnung gegenüber dem schmutzigen Laubengang am

Kanal, bot der jungen Frau sein Schlafzimmer an, damit sie und ihr Freund sich an einem Ort küssen konnten, der ihrer Liebe würdig war. Die junge Frau hörte ihm zu, riß die Augen auf. Sie lief nicht davon! Sie rief nicht um Hilfe! Mein Lehrer lächelte, ganz trunken von allumfassender Liebe.

Sechstes Kapitel: Beim Blumenhändler erstand mein Lehrer eine rote Rose, noch röter als seine Zehennägel. Wieder zu Hause, stieg er ins oberste Stockwerk hinauf, starrte in den Treppenhausschacht, warf das Fläschchen mit dem Nagellack hinunter. Das Fläschchen prallte im Erdgeschoß auf, ohne zu zerbrechen. Den ganzen Tag lang wischte mein Lehrer im Schlafzimmer Staub, er riß die Fenster auf, wischte den Boden, wendete die Matratzen, wechselte die Kissenbezüge und Laken. Er zog sich elegant an; vor dem Ausgehen blieb er auf der Schwelle des Zimmers stehen und blickte die rote Rose mitten auf dem Bett an. Er hinterlegte einen Zweitschlüssel auf der Leiste am Treppenabsatz und zog die Tür zu ohne abzusperren.

Siebtes Kapitel: Um Mitternacht waren die Kaffeebars voller Studenten. Mein Lehrer hielt sich abseits, bestellte einen Grappa und setzte sich in die Nähe der Wand. Das Leben ging weiter, die jungen Leute schliefen miteinander, sein Ehebett war wieder zu etwas nütze, keine Ratten mehr, keine dunklen Bänkchen unterm Laubengang. Er steckte eine Hand in die Tasche seines Regenmantels und streichelte das Gebiß seiner Frau. Nach dem fünften Grappa war er nicht mehr so sicher, ob er die Fenster im Schlafzimmer geschlossen hatte. O Gott, und wenn die Ratte auf den Gedanken kam, sich noch einmal umzusehen? Hastig zahlte er und machte sich auf den Heimweg; er ging am

Wasser entlang, der Kanal roch nach Frühling. Er sperrte auf, ganz leise, zog die Schuhe aus und tappte über den Flur. Von der anderen Seite des Korridors hörte man seltsame Geräusche. Ich schlüpfte aus der Vagina meiner Freundin, und so, wie ich war, sprang ich vom Bett, verschwitzt und nackt; ich schaltete das Licht ein und schrie meinem Grundschullehrer ins Gesicht, er sei eine alte Sau. Ob er mich rechtzeitig erkannte, bevor ich ihn mit einem Fausthieb auf die Nase niederschlug, weiß ich nicht. Meine Freundin zog sich in aller Eile an, wir rannten die Treppe hinab, wo wir Centanari begegneten, der ein Blasrohr und eine Tüte mit Nägeln bei sich hatte.

Ende der Zusammenfassung
der Geschichte des Lehrers

Ich tippte das Wort *Ende* auf die zu drei Vierteln volle Seite siebenundachtzig und stand vom Stuhl auf. Das überkreuzte Bein war vom Knie abwärts gänzlich eingeschlafen. Ich kam mit dem eingeschlafenen Fuß unglücklich auf, hielt mich an der Tischkante fest und warf dabei ohne es zu wollen die Schreibmaschine hinunter. Ich fand mich auf dem Boden ausgestreckt wieder, die Wange lag auf der von der Schreibmaschine zerbrochenen Fliese. Das Blut kribbelte in dem eingeschlafenen Bein und bildete einen eigentümlichen Gegenpol zu dem Schmerz in meiner Schläfe. Eine halbe Stunde blieb ich wohl so liegen, ohne den Mut aufzubringen, mir die Wunde an der Schläfe genauer anzusehen. Wenige Zentimeter vor meinem Auge schwankte das auf der Walze eingespannte Blatt hin und her. Ich blies darauf, damit es sich zurückbog, und las das Wort *Ende*. Draußen vor dem Fenster ging ein Gewitter nieder. Vom

Boden aus beobachtete ich am Himmel die Wolken in Gestalt elektrischer Gehirne, welche die Glieder der Erde in Erregung versetzten und sie mit neurasthenischen Gedanken erschütterten.

Nach ein paar Stunden ging ich frühstücken, mit einem Verband an der Schläfe. Ich schleppte mich zwischen Pfützen hindurch. Noch immer hatte ich dieses Wort vor Augen, *Ende*, in Großbuchstaben gedruckt. Es ist das aufrichtigste Wort, das ich je zu Papier gebracht habe, seit ich lernte, meinen Namen zu kritzeln. Achtundsiebzig Seiten voll widerwärtiger Falschheiten bedurfte es, bis es mir gelang, dieses Wort zu schreiben. Ich dachte auch an die Worte, die ich vor dem Hinausgehen mit Filzstift hinzugefügt hatte: *Basta*, dreimal, und dann *Aus*, *fertig*, *nie mehr*.

In der Konditorei kam ein kleines Mädchen herein und grüßte die junge Frau hinter dem Tresen.

»Du hast dir die Haare schneiden lassen«, sagte das kleine Mädchen.

»Ja.«

»Steht dir gut.«

Am Kiosk habe ich eine Zeitung mit Stellenanzeigen gekauft. Es waren hundertachtundneunzig Angebote für Maschinenschreiben drin, am Justizministerium. Unten auf der Seite empfahl eine Reklame das beste Handbuch für die Eignungsprüfung, schriftlich wie mündlich. In der Buchhandlung gab es vier weitere, mit denen man sich auf denselben Bewerbungstest vorbereiten konnte. Ich erstand das kostspieligste. Es enthielt das Faksimile des Bewerbungsantrags, alle Tests in Verwaltungs- und Verfassungsrecht, die Artikel über Rechte und Pflichten der Staatsbeamten, die man auswendig lernen mußte, eine Zusammenfassung der Rechtsordnung und einen vollständigen Schreibmaschinenkurs: kleine Geschichte der Maschinenschrift, Wissenswertes über die Tasten- und Typenhebelmechanik, Theorie, Praxis und Übungen. Am nächsten Samstag ging ich nicht zur Arbeit, und am Sonntag auch nicht. Das Telefon ließ ich einfach klingeln, zu jeder Tages- und Nachtzeit. Ich schlief nun wieder nachts und war tagsüber wach. Schließlich zog ich die Telefonschnur aus der Wand. Die siebenundachtzig Seiten habe ich nicht mehr gelesen, sondern sie eine nach der anderen zusammengeknüllt und siebenundachtzigmal die Klospülung betätigt. Am Montag stieß ich auf Centanari, der vor der Tür auf mich wartete, um mich zu Brei zu schlagen. Ich gab ihm einen Scheck über das Doppelte der Summe für das Buch und ging persönlich mit ihm zur Bank, um ihn einzulösen. Ich habe noch genügend Geld für den ganzen Winter. Die Briefe der Signora Renata zerriß ich, ohne sie zu öffnen.

Die Übungen zum Fingersatz erforderten die Geduld eines Hirngeschädigten. Serie für Zeigefinger: fjfjfjfjfjfj. Serie für Mittelfinger: dkdkdkdkdk. Serie für Ringfinger: slslslslslsl. Indem diese sinnlosen, funktionalen Cluster auf sie niederprasselten, reinigte sich die Maschine. Mit den kleinen Fingern hatte ich Probleme. Manchmal konnte ich einfach nicht mehr und unterbrach die Serie für kleine Finger ampa mapa apaq paqp qamp a):q maqi maqò ia$- qpúò i-)£ aò:ú $£$£ pimò :òpú úpò)-a$ i£-) :òqa úa$m qapú qapò iam$ pami pamò, um direkt zum Abschnitt ›Das Kopieren einzelner Texte‹ überzugehen. Hier hielt ich mich nicht bei den Texten aus dem Bereich des Handelswesens (Rechnungen und Geschäftsbriefe) auf, sondern widmete mich lieber ausgiebig der kleinen Sammlung anonymer Berichte am Schluß des Buches. Ich ließ mir Zeit beim Abtippen, ohne die für jeden Text vorgeschriebene Minutenzahl einzuhalten: noch war es nicht soweit, das Handbuch mit der Stoppuhr herauszufordern. Auf den letzten Seiten fand sich auch ein Anhang mit einem handgeschriebenen Text, eine regelmäßige, eher schülerhafte Handschrift. Ein bißchen albern, dort einen handschriftlichen Text abzufotografieren. Es hätte ja auch ein Hinweis genügt, die Schreibmaschinenaspiranten möchten sich auch in der Entzifferung handschriftlicher Texte üben, da es wichtig sei, sich mit der Schrift fremder Personen vertraut zu machen und sie eilig zu transkribieren, sich einen höchst unterschiedlichen Buchstabensalat einzuverleiben, um daraus die immergleiche alphabetische Paste zu fabrizieren. Beispiele finden sich dann von ganz allein. Außerdem ist das Problem mit den drei Seiten da noch lange nicht gelöst: da hätte man wenigstens zwanzig abdrucken müssen, mit vergleichbaren Schrifttypen, die doch so unterschiedlich wie möglich zu sein hätten. Das Handbuch ließ mich an die Dreingaben zu Kosmetikprodukten denken (Kosmetika minderer Qualität, Flüssigseife für die Intimhygiene), bei denen die Herstellerfirma in die Packung auch gleich noch ein lumpiges Bürstchen einschweißt, ein Pinselchen, ein paar Schwämmchen, und damit beweist, daß sie ein schlechtes Gewissen hat. »Siehst du? Wir haben an alles gedacht«, sagen diese Packungen. »Es wäre besser gewesen, sich aufs Wesentliche zu konzentrieren«, antworte ich dann, »den Kamm und das Schwämmchen kann ich mir auch alleine kaufen.« Dennoch tippte ich den handschriftlichen Anhang am Ende des Handbuchs mit Freuden ab: die Worte traten zu den Augen ein und gingen zu den Fingerkuppen wieder hinaus (wenn ich die Texte mit Sinnzusammenhang abtippte, benutzte ich momentan nur den Zeigefinger). Ich empfand große Erleichterung, wenn diese Buchstaben, die so gar nichts mit mir zu tun hatten, durch mich hindurchgingen. Ich stellte mir vor, mein ganzes Leben lang nichts anderes mehr zu machen als die Urteilsbegründungen abzutippen, die ein vergreister, tatteriger, prähistorischer Richter per Hand aufgeschrieben hatte, sie in meine Pupillen eindringen und an den Unterarmen entlanggleiten zu lassen, bis sie aus den geöffneten Wasserhähnen der Finger herausschossen und ich sie behende mit den Fingerkuppen aufs Papier trommelte, ohne mich noch von dem Geschriebenen angesprochen zu fühlen.

Ich wollte mich auf die Probe stellen, indem ich alte Liebesbriefe abschrieb, um zu sehen, ob sie eine Reaktion bei mir hervorriefen, Schmerz, Groll. Ich tippe sie also ab – und bleibe unberührt. Drei Briefe von Federica (damals war ich sechzehn) und vier von Michela (da war ich zweiundzwanzig). Die Briefe von Nicoletta (zwei Jahre ist das her) habe ich mir für den Schluß aufgehoben, eben weil es die letzten Briefe sind, das Experiment also einen wesentlich höheren Stellenwert hat. Nicht, daß ich Angst gehabt hätte, ein schmerzliches Gefühl wieder auszugraben. Diese Liebe ist von selbst erloschen, ohne große Szenen. Seitensprünge hat es keine gegeben, glaube ich (Nicoletta war eine, die es mir gesagt hätte). Niemand hat niemanden verlassen. Wenn ich jetzt darüber nachdenke, wie die Sache zwischen mir und Nicoletta ausgegangen ist, meine ich, wir hätten uns in der letzten Zeit einfach gegenseitig gelangweilt. Und das haben wir uns eingestanden, sobald diese Langeweile offensichtlich wurde. Das kam so: Eines Tages verpaßten wir uns am Bahnhof. Wir hatten eine halbe Verabredung: um uns zu verabschieden, denn Nicoletta sollte übers Wochenende zu einer Freundin reisen. Zufällig traf ich sie zwei Wochen später, in einem Kaufhaus. Sie war nicht etwa länger als vorgesehen weggeblieben (außerdem hätte ich ihre Freundin anrufen können, wenn ich gewollt hätte), nein, sie war schon seit zwei Wochen wieder im Lande, nur rief keiner beim anderen an. Ich erinnere mich noch ganz genau: Menschenmassen beim Schlußverkauf, ich wühle gerade mit beiden Armen in einem Korb mit T-Shirts, ziehe eines heraus, um zu sehen, welche Größe es hat, wer drängt mich denn da mit dem Ellbogen zur Seite, denke ich mir, dem sage ich jetzt aber, daß ich es zuerst in der Hand hatte, ich drehe mich um und sehe Nicoletta neben mir stehen, nach zwei Wochen völliger Funkstille, und jetzt streiten wir uns um ein T-Shirt im Schlußverkauf. Wir sind dann in das Kaufhaus-Café gegangen, beiden war es peinlich (ich habe mich in meinem Leben noch nie so geschämt wie damals).

So betrachtet war es das schlimmste Ende, das eine Liebesbeziehung nehmen kann: anstatt eines gewaltsamen ist sie eines natürlichen Todes gestorben. Sobald ich mit dem Abtippen von Nicolettas Liebesbriefen begonnen hatte, bekam ich einen Schock. Nicht wegen dem, was da stand. Wegen der Schrift. Es war dieselbe Schrift wie in dem Textausschnitt aus dem Schreibmaschinenlehrbuch. Vielleicht etwas weniger ordentlich. Aber es war ihre Schrift, da hätte ich meine Schreibmaschine und die Anstellung gleich mit dazu verwettet. Ich las den Text in dem Lehrbuch nochmals durch, wollte mich diesmal völlig von dem gefangennehmen lassen, was da stand. Mir wurde bewußt, daß Nicoletta eine todtraurige Geschichte erzählte. Die näheren Umstände wurden nicht recht deutlich, man wußte nicht genau, in welcher Stadt das Ganze spielte (übrigens waren auch die Geschehnisse ziemlich verworren), jedenfalls war dieses Mädchen da, eine diplomierte Buchhalterin, zuständig für die Bücher eines Zahnarztes (jeden Morgen) und eines Schrotthändlers (zwei Nachmittage pro Woche), in den sie ein wenig verliebt war, und als sie eines Tages voll blauer Flecken am Ufer de Flusses gefunden wurde, beschuldigte sie den Schrotthändler, sie vergewaltigt zu haben; aus einem Gespräch mit der Mutter ging hervor, daß die junge Buchhalterin den Schrotthändler beschuldigt hatte, um nicht die Arbeit bei dem Zahnarzt zu verlieren. In der Nacht las ich auch den Abschnitt in dem Lehrbuch mit der Sammlung kleiner Erzählungen, eine düsterer als die andere. Ich stellte mir Nicoletta vor, wie sie nachts jene deprimierenden Hirngespinste zu Papier brachte.

Auf dem Vorsatzblatt des Lehrbuchs stand die Adresse des Verlags, Apollonio Editore. Am nächsten Morgen nahm ich den Zug und stieg am Bahnhof einer Stadt aus, die ich hier lieber nicht nennen möchte. Nicoletta hat jetzt langes, glattes Haar. Verglichen mit vor zwei Jahren schminkt sie sich etwas weniger und trägt – große Überraschung – eine Brille mit fingerdicken Gläsern: »Weil ich immer wie eine Wilde gelesen habe«, sagt sie noch vor der Begrüßung und deutet dabei auf ihr Gesicht. Sie ist schwer beschäftigt mit den Fahnen zu der Neuauflage einer Sammlung psychologischer Eignungstests, aber eine halbe Stunde, um mit mir ins Hotel zu kommen, hat sie doch.

»Widerlich, dieser Teppichboden.«

»Wir müssen eben schön brav auf dem Bett bleiben.«

»Ich komme jetzt öfter in diese Gegend, persönlich, ich hab's satt, meinen Lebenslauf immer auf gut Glück zu verschicken«, flunkere ich aus einer Laune heraus. Ich bitte sie, mir einen Tip zu geben, an wen ich mich für ein Vorstellungsgespräch wenden könnte.

»Das ist schwierig, sogar ziemlich. Ich würde dich ja Apollonio vorstellen, aber der hat gerade das andere Mädchen gefeuert. Jetzt mache alles ich. Übersetzungen, Umschlagentwürfe, Layout, alles. Auch die Grafik. Und du hast es ja gesehen: die Fahnen ebenfalls.«

»Und du, wie hast du …?« frage ich.

»Was.«

»Wie du bei Apollonio eingestiegen bist.«

»Ich bin seit zehn Monaten mit ihm zusammen.«

»Hat er schon ein gewisses … Ist er bereits ein reiferer Mann?«

»Er ist zweiundsechzig. Bei der Arbeit ist Giorgio ein Genie, voller Einfälle.«

Während ich ihr die Möse lecke, erzähle ich ihr, daß ich die Geschichte von dem Mädchen gelesen habe, das von dem Zahnarzt vergewaltigt wird. Nicoletta muß lachen.

»Das habe ich noch auf dem Gymnasium geschrieben«, sagt sie. »In das Lehrbuch sollte ein handgeschriebener Text aufgenommen werden, und da habe ich zum Spaß einen eigenen ausgesucht.«

Ich führe ein prall mit Fleisch gefülltes Präservativ in ihren Körper ein und packe sie an den Handgelenken.

»Geht's dir gut?« sage ich.

Sie schaut mich verstört an.

»Nein, ich meine generell, wie geht es dir so?« frage ich.

»Gut, weshalb?«

»Und die anderen Erzählungen?«

»Wie bitte?«

»Der Abschnitt in dem Lehrbuch mit den Texten, die man in drei Minuten abtippen sollte! Die Geschichte von der Kunstreiterin, der Cellistin, die Unterweisung im Weinen! Hast du die auch auf dem Gymnasium geschrieben?«

»… aber das sind doch echte Schriftsteller! Kafka! Thomas Bernhard! Cortázar!« Sie fing wieder an zu lachen. »Jedenfalls war es wirklich der Schrotthändler, der sie vergewaltigt hat, ist das nicht deutlich geworden?«

»Na ja, also …«

»Also nein, stimmt's? Es war richtig, das Ganze sein zu lassen, meinst du nicht auch?«

»Was soll ich meinen?«

»Daß es richtig war, mit diesem Unsinn aufzuhören … Dann doch lieber Apollonios Lehrbücher. Die wollen keinen glücklich machen, sondern geben dir wenigstens etwas Konkretes an die Hand. Wenn du so weitermachst, komme ich.«

Und da sagte ich das Unpassendste zu ihr, was mir in dem Moment hätte in den Sinn kommen können; das Absurde daran ist jedoch, daß es mir absolut passend und richtig vorkam, das einzige auf der Welt, das zu sagen sich lohnte, und vor allem war ich überzeugt, daß Nicoletta mich verstehen würde. Ich dachte an einen völlig neuen Körper, der nicht einmal einen Namen hatte, einen nach Haut und Fleisch duftenden Körper, von allen Wörtern des Universums unbefleckt, unangreifbar, und in dem Augenblick stellte ich Nicoletta eine Frage:

»Wollen wir einen Mongoloiden zeugen?«

»Was?«

»Einen hübschen kleinen Mongoloiden, du und ich, einen wunderbaren Sohn …«

Es muß auch meine Stimme gewesen sein, der Tonfall, in dem ich das zu ihr sagte: das heißt, als ich es zu ihr sagte, war es mir absolut ernst damit und ich glaubte fest daran. Als einzige Antwort hat Nicoletta einen Satz gemacht, sie ist buchstäblich aus dem Bett gefallen. Sie saß auf dem ekelhaften Teppichboden des Hotelzimmers und hielt die Knie mit den Armen umschlungen. Wartete, daß ich mich anzog und das Zimmer verließ, blieb nackt und verschwitzt da sitzen, sah durch ihre dicken Brillengläser zu, wie ich ging, und sagte kein einziges Wort mehr.

Tiziano Scarpa, geboren 1963 in Venedig. Er hat bisher einen Roman geschrieben, einen Venedig-Führer und Amore®, die Erzählungen, mit denen er in Deutschland erstmals vorgestellt wird. In England, Frankreich, Spanien und China sind seine Bücher bereits übersetzt. Er lebt in Venedig und Mailand.

Junge Autoren bei Wagenbach

A. L. Kennedy
DER MAKELLOSE MANN
Elf ausgewählte Erzählungen der vielbewunderten schottischen Autorin – elf gefährliche Begegnungen aus dem Innern der tragikomischen Koexistenz der Geschlechter.
»Es ist eine erstaunliche Stimme. Furchtlos und kraftgeladen. Brachial, poetisch, witzig und kurz aufblitzend, grausam im Detail … « Caroline Fetscher, Der Tagesspiegel
Aus dem Englischen von Ingo Herzke
Quart*buch*. Gebunden. 176 Seiten

Carsten Probst
TRÄUMER
Wie real können Träume sein?
Ein beeindruckendes Debüt eines jungen deutschen Autors.
Höchst kunstvoll und sparsam führt uns Carsten Probst vor Augen, wie Vernunft und Wahnsinn zurückweichen, je mehr man sich ihnen nähert: Was sind Träume, und wer träumt sie?
Carsten Probst gelingt in seinem ersten Buch stilsicher etwas, das in der jungen deutschen Literatur bislang selten unternommen wurde: Im Traum die Vernunft und im Wahnsinn die Realität zu sehen.
Quart*buch*. Gebunden. 152 Seiten

Wenn Sie mehr über den Verlag und seine Bücher wissen möchten, schreiben Sie uns eine Postkarte. Wir schicken Ihnen gern die ZWIEBEL, unseren Westentaschenalmanach mit Lesetexten aus den Büchern, Photos und Nachrichen aus dem Verlagskontor. Kostenlos, auf Lebenszeit!

Verlag Klaus Wagenbach Emser Straße 40/41 10719 Berlin

Die italienische Originalausgabe erschien 1998 unter dem Titel AMORE® im Giulio Einaudi Verlag in Turin.

Emser Straße 40/41, 10719 Berlin
Umschlaggestaltung: Birgit Thiel & Per Rumberg
unter Verwendung einer Abbildung von Photonica
Gesetzt aus der Walbaum von der Offizin Götz Gorissen
Gedruckt auf chlor- und säurefreiem Papier und
gebunden von Clausen & Bosse, Leck
Bucheinbandstoffe von Peyer + Co GmbH
Printed in Germany.
ISBN 3 8031 3165 0